Enfances vendéennes

Dans la collection « Signatures » :

Bretagne est univers (C. Le Quintrec)
Le Cargo (H. Queffélec)
Enfances vendéennes (M. Ragon)
Journal d'Irlande (H. Jaouen)
Midi à ma porte (P.-J. Hélias)

Michel Ragon

Enfances vendéennes

suivi de

Adolescence nantaise

ÉDITIONS OUEST-FRANCE

à Jean Duvignaud

Et voici comment était le monde à l'époque de mes douze ans. Le monde palpitait et brillait. J'étais tout neuf avec mes ailes. Je n'ai jamais vu d'ombre sur les choses, car les choses de la vie sont comme les choses de notre âme, brillantes et qui palpitent.

Charles-Louis Philippe,
La Mère et l'Enfant.

ENFANCES VENDÉENNES

1

LE PÈRE SOURISSEAU, SA BROUETTE ET SES SABOTS

Le père Sourisseau, oui, je le revois très bien. C'était un petit bonhomme, en sabots, toujours revêtu d'un grand tablier bleu et qui poussait une brouette dans les rues de Fontenay-le-Comte.

Voilà ce que j'entends un jour sur France-Culture, où une équipe de reporters interroge en Vendée des gens qui m'ont peut-être connu enfant, ou qui ont connu ma famille. Le père Sourisseau, c'est mon grand-père, le père de ma mère. Vrai que, pour moi aussi, mon grand-père Sourisseau est avant tout un tablier bleu qui lui remonte sur les épaules et qui descend presque jusque dans ses sabots. Un tablier bleu de jardinier avec, sur le ventre, une grande poche d'où il sortait un nombre incroyable de choses lorsqu'il arrivait à la maison. La poche de son tablier bleu était une vraie besace de magicien. Je me tenais devant lui, attentif, impatient, et il puisait lentement dans le tablier bleu, sortant précautionneusement quelques graines, qu'il posait méticuleusement sur la large table de chêne. Une poignée de petits pois, quelques fèves, des haricots noirs, une gousse d'ail, un oignon, puis une pêche, une poire, un couteau, un bout de ficelle, un nid tapissé de plumes. Je regardais toutes ces merveilles alignées sur la table, un peu déçu qu'un petit kangourou ne pointe pas sa tête par la fente de cette poche ventrale. Mais mon grand-père, malgré toute sa bonne volonté à m'éblouir, n'était pas un australipède. Il ignorait d'ailleurs qu'il existât une Australie et ne s'en portait pas plus mal. Il appartenait encore à cette espèce d'hommes pour laquelle la terre était plate. Lorsqu'il se déplaçait avec sa brouette dans les rues de Fontenay, le mouvement de la terre suivait son propre mouvement. C'est lui qui faisait marcher la terre en marchant. Dans la roue de sa brouette l'univers tournait et il poussait l'univers devant lui. Lorsqu'il lâchait les brancards et s'arrêtait pour éponger la sueur de son front d'un revers de manche, l'univers s'arrêtait. La terre, sous ses sabots, observait une tranquillité rassurante. Des gens passaient dans la rue, qui le saluaient familièrement. Il élevait la main à la hauteur de la visière de sa casquette, pour répondre d'un geste désinvolte. Désinvolte, mais respectueux. Tout le monde le connaissait et il connaissait tout le monde. On le voyait en effet journellement, hiver comme été, pousser sa brouette dans les rues de Fontenay, une brouette qui ne contenait le matin que quelques outils et qui, le soir, était alourdie d'un amoncellement de légumes, de fruits, voire de fagots et de rondins, suivant la saison. Mon grand-père cultivait son propre jardin, d'où il tirait l'essentiel de notre nourriture et « faisait » en plus les potagers de quelques Fontenaisiens qui le payaient moitié en argent, moitié en nature.

D'aussi loin que je me souvienne, c'est étrange, mais je n'entends pas mon grand-père parler. Ma grand-mère, ma mère, oui; tout un babillage de femmes. Un babillage agréable, comme un jacassement d'oiseaux. Mon univers d'enfant est essentiellement féminin et cet homme, dans la maison, avait l'air de se trouver là en plus. Il partait tôt le matin, revenait tard le soir et une portion du logis, le long de la cour, lui appartenait en propre. Il y posait ses outils, ses paniers, ses boîtes à semences. Cette partie de la maison, où les deux femmes ne pénétraient jamais, était la plus étrange. A demi obscure, avec son odeur entêtante de fruits blets et de cosses sèches, elle ressemblait à un magasin farfelu. Des javelles de mojettes, des bouquets d'oignons, des pelotes de thym et de sarriette, du raphia, de la sauge, pendaient du plafond. Contre les murs, des étagères avec des récipients pour les graines.

J'ai passé beaucoup de soirées à trier ces graines, avec mon grand-père. Nous nous asseyions sur des bancs, autour de la large table de chêne et il s'agissait simplement de classer les haricots par couleurs, dans des boîtes séparées. Il y en avait des noirs, des blancs, des rouges. Nous jouions ainsi, sans rien dire, grand-père et moi, à une sorte de jeu dont les graines étaient les pions. J'aimais ces soirées de long silence. Non, grand-père ne parlait pas. Il fut un temps, sans doute, où les gens qui n'avaient rien à dire ne parlaient pas. Ils ne savaient pas que l'Australie se trouvait aux antipodes, que la terre était ronde et ne parlaient pas s'ils n'avaient rien à dire. Cela paraîtra étrange, je le sais, et pourtant cela a existé.

Ce monde est bien loin, si loin qu'il semble d'un autre temps, d'un autre siècle. Bientôt, oui, il sera d'un autre siècle, mais pour l'heure il ne remonte guère qu'à une cinquantaine d'années. Et cependant... Si la petite ville de mon enfance n'a guère changé en ce qui concerne sa topographie, son architecture, si son plan est à peu près le même, une autre manière de vivre est apparue. Le grand-père Sourisseau, poussant sa brouette dans la rue de la République, relèverait aujourd'hui du folklore. Les brouettes ne sortent plus des jardins. On ne porte plus de sabots de bois, garnis de paille pour protéger les pieds nus. Il n'y a plus de foires aux bestiaux sur le champ de Mars transformé en parking d'automobiles. Les chevaux ont disparu, et les charrettes, emportant avec eux des métiers hier florissants : le bourrelier, le sellier, le charron, le maréchal-ferrant. La petite ville de mon enfance bruissait d'une activité artisanale intense. Il y avait les hommes du cuir et les hommes du drap, les hommes de la laine et les hommes du fer. Tous travaillaient à moitié dehors, un pied à couvert et un pied dans la rue. Les chevaux hennissaient devant la boutique du bourrelier, mon cousin. Sur le trottoir, des colliers peints en bleu, des attelles, des harnais, attiraient les chalands. Le savetier, assis à la fenêtre de son échoppe, taillait une bavette avec les passants. On voyait le forgeron sortir de son antre, ruisselant de sueur, un énorme marteau à la main. Toutes les fonctions fournissaient des emplois. L'église employait un sacristain, une chaisière, un bedeau, un organiste. Rien n'était perdu, rien ne se jetait. On entendait tinter toutes les semaines la cloche du chiffonnier. Le marchand de peaux de lapins jetait son cri (d'écorché). Le chasseur de vipères apportait au pharmacien ses reptiles accrochés au bout d'un bâton. Le tueur de taupes commerçait avec le tanneur. On cardait les matelas en plein air. Des femmes s'assemblaient pour plumer les oies. D'autres descendaient vers la rivière pour laver leur linge. Une activité joyeuse, pleine de cris, de rires, d'exclamations.

Aujourd'hui, Fontenay-le-Comte a doublé son nombre d'habitants et l'on ne voit plus personne dans les rues. Le désert. Personne ne chante. On se renferme. On s'évite. On sait maintenant que la terre est ronde et qu'elle tourne sur elle-même. C'est moins rassurant. On est devenu un minuscule grain dans l'immensité des astres. Pareille constatation n'incite pas à la convivialité. On se rassure comme on peut en se calfeutrant chez soi, l'œil fixé sur l'écran lumineux de la télévision qui vous montre la terre dans tous ses états et le bonheur de vivre dans un univers où Persil lave plus blanc.

Revenons encore au père Sourisseau, à ses yeux bleus comme son tablier et comme ses mains l'hiver. Un homme petit et rond, avec des moustaches tombantes à la gauloise et un crâne aux cheveux ras. Sa voix, non, vraiment, je ne l'entends pas. Mon grand-père m'a légué son silence. C'est sans doute à lui que je dois mon goût du silence. Il avait gardé le mutisme des domestiques. Attaché dès l'enfance à la maisonnée du baron de la V., il y avait fait ses classes, montant peu à peu dans la hiérarchie jusqu'au grade de cocher. Cocher du baron de la V. ce n'était pas rien. On a à la fois la responsabilité des chevaux et du maître. On conduit le maître, on le ramène, on l'écoute. Les châtelains aimaient bavarder avec leur cocher. C'est-à-dire qu'ils aimaient que les cochers écoutent leurs confidences et en gardent le secret. Le grand-père Sourisseau avait ainsi appris à écouter, sans jamais interrompre les bavards. Il écoutait maintenant sa femme. Il écoutait sa fille. Il m'écoutait, moi aussi, qui lui posais des questions auxquelles il ne répondait que par un sourire complice. La domesticité lui avait enseigné à être muet. Pour les bourgeois de la ville, dont il entretenait les jardins, il était d'ailleurs encore un domestique. On lui donnait des ordres qu'il n'avait pas à discuter.

C'est lui qui s'appelait Sourisseau et c'est sa femme, ma grand-mère, qui ressemblait à une souris. Petite, menue, trottinante, toujours occupée à ranger (à ronger) quelque chose. Elle aussi venait du château du baron de la V..., où elle était chambrière. Mais la chambrière est une domestique parlante. Elle est la servante de Madame, qui aime parler, qui aime aussi qu'on lui parle, qu'on lui raconte les potins. Donc ma grand-mère se plaisait à parler. Elle en avait pris l'habitude. Pour compenser peut-être le mutisme de son mari, elle n'arrêtait pas de parler avec ma mère, de parler dans la rue, sur le seuil de la porte. Elle avait une jovialité et une bonne humeur qui portaient à la conversation. Il venait, fort heureusement pour elle, beaucoup de monde dans notre maison. On lui confiait des volailles à plumer, du linge à repasser, des vêtements à repriser. Elle accomplissait toutes ces tâches avec allégresse, secondée, sans grand empressement, par sa fille, ma mère.

Oui, dans cette maison de mon enfance, coincée entre de hauts murs, où le soleil pénétrait rarement dans la cour peuplée de lapins et de poules, la personnalité dominante était sans conteste ma grand-mère, véritable animatrice du foyer, papotant, caquetant, virounant de sa fille veuve et maussade à son mari placide et muet.

Pourtant, sans rien dire, mon grand-père m'a appris la saveur de la terre et des fruits de la terre, les odeurs de l'humus et du terreau, de la boue et du limon. Il m'a appris le poids du calme. Il y a dans le silence une sorte de bienfaisante pesanteur. Le globe terrestre ne bouge plus. Tout est immobile. La vie ne va plus vers la mort. Le temps s'arrête. Faire durer le silence, c'est arracher un morceau d'éternité.

Le grand-père Sourisseau était silencieux comme la glèbe, comme les arbres, comme les plantes; en harmonie avec cette nature dont il était le jardinier. Il conversait silencieusement avec les plantes, aérant leur sol, coupant au sécateur, délicatement, leurs rameaux malades. Il se contentait de corriger les dévergondages de la nature, d'un coup de serpette. Je l'accompagnais souvent, non pas dans les jardins des bourgeois, ce qui eût été mal vu, mais dans son propre carré, là où il était le maître;

m'y gavais de fruits en saison; ou bien apprenais à me servir de la binette pour désherber les allées tirées au cordeau.

C'était un beau jardin que celui du père Sourisseau. D'autant plus soigné qu'il servait de modèle, d'appât pour obtenir des « journées » chez les autres. Il n'était pas immense et pourtant il produisait tout ce dont nous avions besoin : des petites pêches jaunes en abondance, des poires, des pommes, des fraises, des castilles (qu'ailleurs on appelle des groseilles), des prunes. Je place en premier les fruits qui, pour un enfant, se situent tout en haut de la production jardinière. Mais pour notre survie, les pommes de terre, les poireaux, les carottes, les bettes, les haricots, les choux, les tomates, avaient bien plus d'importance et mon grand-père savait mignonner les légumes.

Donc le père Sourisseau n'était pas causant, bien qu'il parlât le langage des plantes. Cette perpétuelle conversation muette, tout le long de la journée, lui suffisait. Lorsqu'il rentrait à la maison le soir il n'avait plus rien à dire.

Le grand-père Sourisseau, c'était l'arbre. La peau de ses mains ressemblait à l'écorce. Boursouflée, écaillée. Il versait sur ses gerçures, sur ses plaies, de la cire brûlante. Ses mains devenaient encore plus dures, plus grumeleuses. Lorsqu'il pratiquait cette opération, les deux femmes s'enfuyaient en poussant des cris. Une odeur de corne brûlée, l'odeur de l'atelier du maréchal-ferrant, emplissait la cour.

La maison, une maison de ville, en plein cœur de Fontenay, était étroite et longue. Coincée entre deux autres immeubles, elle paraissait un peu écrasée. Presque pas de façade, mais une sorte de boyau qui s'avançait dans les arrières, éclairé par une petite cour. Grand-père vivait dans ces arrières et les deux femmes se tenaient plutôt vers la rue, là où l'on peut voir passer le monde.

Ma mère et moi logions au premier étage, mes grands-parents au rez-de-chaussée. En réalité, nous ne montions au premier que pour dormir, tout le reste du temps se prodiguait chez les grands-parents.

Outre la cour, le rez-de-chaussée se composait d'une cuisine, plus une chambre qui donnait sur la rue. C'est dans cette chambre, fenêtre ouverte l'été pour ne rien perdre de ce qui se déroulait à l'extérieur, que ma grand-mère et ma mère cousaient, repassaient, jacassaient.

L'arrière de la maison sentait la terre, l'avant était imprégné d'une odeur de térébenthine. Tout le trésor familial bien astiqué, trônait dans cette chambre; la « belle pièce ». Une armoire à deux portes, une commode, une pendule à balancier, une table recouverte d'une toile cirée, des chaises, un lit étroit et très haut recouvert d'un édredon grenat. Comme on le voit, nous n'étions pas dans la misère. De la misère ancestrale, nous avions accédé, par le biais de la domesticité, à une honnête pauvreté.

Tout ce qui entourait le grand-père Sourisseau était dur, coupant, salissant, lourd; demandait effort. Tout ce qui entourait mes deux mères était douillet, sensuel. Si mon grand-père s'apparentait à l'arbre, ma grand-mère et ma mère en étaient le nid.

Je venais ronronner dans cet environnement féminin, m'asseyant sur le plancher, le dos et la nuque calés dans les robes. Je ne les dérangeais pas plus que ne l'eût fait un chat. Elles me caressaient d'ailleurs de temps en temps la tête, distraitement, tout en poursuivant leur caquetage.

Parfois ma mère m'emmenait, avec quelque solennité, à la bourrellerie de mes cousins. On traversait le pont des Sardines, en longeant la rivière et l'on arrivait place des Marronniers. C'était à cinq minutes, mais ma mère faisait ce parcours comme s'il s'agissait d'une expédition lointaine et dangereuse. Elle m'accompagnait, en effet, dans l'autre famille, celle des Ragon, celle du mari mort; une famille de paysans et d'artisans délurés, si différente de sa propre lignée servile. Elle m'accompagnait jusque sur le trottoir de la bourrellerie, entrebâillait la porte de l'atelier, appelait et, lorsqu'elle enregistrait que l'on m'avait bien vu, disparaissait illico.

La terre, la plume, le cuir, voilà les trois éléments de ma petite enfance. Mon grand-père sentait la terre, ma mère et ma grand-mère la volaille, mes cousins bourreliers exhalaient une odeur de cheval.

Encore ici, deux femmes me recevaient, Suzanne, ma cousine germaine (ma marraine de surcroît) et sa mère, la tante Victorine, sœur aînée de mon père. Chef de la tribu des Ragon, la tante Victorine ne parlait que par proverbes, d'une voix sèche, une voix de commandement, habituée à n'être jamais contredite. Petite, maigre, noiraude, les cheveux tirés et ramenés en chignon, avec ces traits asiates qu'ont certains Vendéens, elle menait tous ses hommes par le bout du nez. Ses hommes, c'est-à-dire d'abord son mari qui passait la majeure partie de sa vie dans la cave à mettre du vin en bouteilles, son gendre le bourrelier et le compagnon et l'apprenti. Comme mon grand-père, tous ces hommes s'effaçaient face à ma tante et à ma marraine. Qui n'a pas connu ces temps, antérieurs au féminisme, ignore tout du matriarcat.

Chaque jeudi, devant ma tante Victorine, j'avais l'impression de subir un examen. Elle me reprochait de ne pas me tenir droit, de loucher, de marcher les pieds en dedans, de ne pas répondre quand on m'interrogeait. Habitué au silence de mon grand-père, j'étais abasourdi. La tante Victorine s'exclamait :

– Si ton pauvre père te voyait!

Étrange cette épithète de « pauvre » toujours accolée à celle de « ton père ». Ma grand-mère, ma mère, me parlaient aussi de « mon pauvre père ». Mort, mon père était devenu définitivement, irrémédiablement pauvre. Peut-être les vivants avaient-ils ainsi la sensation d'être moins paumés.

Le « pauvre père », on allait lui rendre visite le dimanche après-midi. De rues en rues, nous arrivions dans une impasse qui aboutissait à la grille du cimetière. Ils étaient relégués aux cinq cents diables, ces « pauvres » morts. Loin de la ville, loin de Dieu et de son église, dans un grand champ entouré de hauts murs, comme si l'on craignait qu'ils ne s'échappent de leurs tombes. Pourquoi tous ces morts étaient-ils enterrés loin de la ville, tous mis ensemble comme des lépreux ? Pourquoi avait-on peur ou honte des morts ? Pourquoi ne gardait-on pas ses propres morts chez soi ? Pourquoi leur apporter des fleurs, une fois par semaine ? Qu'en faisaient-ils ? Sortaient-ils la nuit de leurs tombes ? Je ne comprenais pas. Je ne comprends toujours pas.

Toutes ces femmes qui ont couvé mon enfance m'ont laissé un souvenir de mains douces (même la tante Victorine avait des mains douces), d'étoffes moelleuses, d'odeurs douceâtres. Les hommes, eux, étaient soumis en apparence, mais coriaces comme leurs outils. Aux outils du jardinier, se substituaient chez mes cousins les outils du bourrelier. Plus d'odeur de terre, de plantes et de fruits. L'atelier du bourrelier sentait la peau de bête, le crin, la poix dont l'apprenti enduisait les fils. Tous les outils étaient tranchants ou piquants. Les aiguilles, l'alêne à manche de bois, les formoirs, les traçoirs qui dessinent les filets sur le cuir, une multitude d'instruments et d'accessoires qui se rangeaient dans des tiroirs. Au plafond, les pièces en cours de fabrication : selles, colliers, brides à œillères, guides à porte-mors, courroies de reculement, dessus de croupière. Cousin

Gaston et son compagnon, vêtus pareillement de costumes de toile noire sur lesquels se nouait un tablier de cuir, mandrinaient, goupillaient, paraient, surtaillaient, traçaient, clouaient, bordaient. L'apprenti cardait du crin pour en remplir les colliers de chevaux que le compagnon cousait ensuite avec deux longues alênes. De temps en temps, cousin Gaston sortait dans la rue, appelé par un charretier. Il mesurait le poitrail d'un cheval dont il allait confectionner la parure.

La bourrellerie a représenté l'un des grands attraits de mon enfance. Par contraste avec le silence de mon grand-père, avec le repli douillet de mes deux mères, la bourrellerie s'ouvrait à pleins battants sur le monde. Sur le monde de la campagne qui arrivait avec ses charrettes, ses chars à bancs, une fois les cochons et les veaux mis en vente sur le champ de foire, et qui marchandait les colliers neufs, rutilants de peinture bleue ou bien donnait à réparer des harnais décousus. Sur le monde de la ville aussi qui apportait quelques pièces de cuir à rafistoler. Il y avait, sur le trottoir de la boutique, une incessante animation. On descendait et on remontait des voitures. On s'apostrophait. C'était à la fois un lieu de rendez-vous et de conciliabules. Les chevaux hennissaient, tapaient du pied. Il y avait là une ambiance de marché, de retour de noce, d'après messe du dimanche.

Au fond de la boutique, dans une semi-obscurité, le mari de ma marraine, cousin Gaston, mais que tout le monde appelait le Berrichon parce qu'il n'était pas du pays, cousait interminablement. On ne le consultait qu'à l'intérieur. Il établissait les devis sur une ardoise d'écolier, à la craie. Les paysans emportaient l'ardoise à l'extérieur, pour mieux lire les chiffres et revenaient effarés, trouvant toujours ces devis trop élevés, obtenant des rabais. Cousin Gaston effaçait, rectifiait, proposait une nouvelle somme. Le paysan repartait à la clarté avec l'ardoise, revenait en faisant la moue. Parfois, souvent, ce manège se renouvelait cinq ou six fois, cousin Gaston, imperturbable, effaçant les chiffres, en proposant d'autres. Finalement on topait là, le paysan repartait content et cousin Gaston effaçait la craie sur l'ardoise. Lorsque l'ouvrage était fait, quelques semaines plus tard, ni lui ni le paysan ne se souvenaient du chiffre fixé. Il fallait tout recommencer, mais telle était la règle du jeu.

Cousin Gaston, qui était effectivement berrichon, portait des lunettes, comme la plupart des hommes du cuir : cordonniers, savetiers, sans doute parce qu'ils veillaient tard sur leur ouvrage à la lueur de minuscules loupiotes et qu'à ce régime leurs yeux s'usaient vite. Il était très brun (comme un Arabe, disait tante Victorine avec dédain) et se laissait pousser sous le nez une mouche noire à la Charlot. Toujours coiffé d'un béret, qu'il n'enlevait même pas pour saluer sa clientèle, se contentant de porter un doigt à son oreille, comme s'il voulait signifier qu'il se tenait prêt à écouter, c'était ce qu'on appelle un travailleur. Même sa belle-mère en convenait. Elle disait à sa fille : « Tu aurais pu en choisir un plus beau, plus intelligent, mais enfin, c'est un travailleur ! » Elle ajoutait : « Et puis, il n'est pas vicieux. » Ce qui signifiait qu'il ne buvait pas sa paye au bistrot.

Cette bourrellerie a été le grand divertissement de mon enfance. Dès que je fus en âge de me diriger seul, ma mère ne m'accompagna plus. Finalement, c'est pratiquement tous les soirs que je m'échappai de la maison de mes grands-parents pour rejoindre celle de la tante Victorine.

A la bourrellerie, je trouvai mes premiers copains : les apprentis, voire même le compagnon qui n'avait pas vingt ans. J'appris d'abord à ranger les œillets, les rivets, dans des tiroirs en bois. C'étaient d'autres sortes de graines, en cuivre doré ou en fer brillant comme de l'argent. Puis, je partageai le travail de l'apprenti. Nous enduisions les fils de poix, cardions la bourre.

Pourquoi n'aurais-je pas considéré les apprentis qui se succédaient dans la bourrellerie comme des cousins puisqu'ils habitaient chez tante Victorine, mangeaient à sa table et participaient le dimanche aux sorties en famille. S'ils couchaient dans le grenier, c'est qu'il n'y avait pas d'autre endroit pour les mettre.

Cousin Gaston possédait une automobile, chose encore très rare dans notre petite ville. Dix Chevaux Citroën de 1919, à capote de toile, roue de secours sur le côté, trompette à poire de caoutchouc à gauche du conducteur, l'auto n'avait que quatre petites places. Pourtant, toute la famille s'y entassait lorsque nous allions rendre visite à nos oncles et cousins métayers dans le bas bocage. Cousine Suzanne se tenait à l'avant près de son mari qui conduisait et je m'asseyais sur ses genoux. Derrière, la tante Victorine surveillait les opérations, conseillant la prudence aux croisements, mettant le holà dès que la vitesse lui paraissait dangereuse. Près d'elle, son mari s'efforçait de se faire oublier et l'apprenti s'insérait d'une fesse entre eux deux.

Ces sorties en voiture avaient quelque chose de phénoménal, de merveilleux et presque d'héroïque.

En pleine campagne, on ne rencontrait guère d'automobiles. Mais l'abondance des tombereaux, charrettes à foin ou à paille, chevaux, vaches, bœufs attelés, ânes, rendait la circulation hasardeuse. Sans parler des chèvres et des moutons qui traversaient inopinément la route. Mais seuls les chiens agressaient la voiture, galopant longtemps derrière elle, en cherchant à mordre les pneus.

Passant dans certains villages, cousin Gaston en profitait pour visiter des clients qui oubliaient de payer les travaux de bourrellerie. De longs palabres s'établissaient. Pendant ce temps-là, l'apprenti et moi, nous fouinions dans la cour de la ferme. Nous suivions les canards, en imitant leur démarche déhanchée. Nous allions agacer les oies. Le jars nous coursait en sifflant comme un serpent, contorsionnant son long cou. Nous caressions les veaux dans l'écurie. Nous nous culbutions dans le foin de la grange.

Puis, à l'appel de la trompe, nous nous réentassions dans l'auto, jusqu'au prochain client, jusqu'à finalement la ferme de cousine Marie.

Avec l'esprit tribal de la tante Victorine, les dénominations obéissaient strictement au lignage des descendants directs de mon grand-père Ragon, petit paysan exploitant cinq hectares de terre, et mort trop tôt pour que j'aie pu le connaître. Jamais il ne serait venu à personne l'idée de qualifier la ferme de la cousine Marie, « ferme du cousin Paul », son époux, puisque c'est la cousine Marie qui appartenait à notre tribu et que son conjoint n'était qu'un apparenté.

Ils avaient pris en métayage une très grande exploitation dans la plaine de Luçon, aux confins du marais; trop grande pour eux puisqu'elle les obligeait à employer des valets qu'ils arrivaient difficilement à payer, bien que ceux-ci se gageaient pour presque rien. Aussi, métayers et valets se tuaient-ils à l'ouvrage, ce qui n'est pas une manière de parler puisque aucun d'eux n'a fait de vieux os.

J'aimais beaucoup ma cousine Marie, nièce préférée de mon père à ce que l'on m'en a dit.

– Tu es le vrai portrait de ton pauvre père, s'exclamait-elle à chaque fois que j'arrivais à la ferme. Il n'y a pas à dire, c'est le sang qui parle!

Expression qui revenait aussi, très souvent, chez tante Victorine. « C'est le sang qui parle! » On voulait évoquer le lien entre les différents membres de la tribu, symbolisé par ce sang invisible qui formait une sorte d'arbre généalogique vivant.

Cousine Marie ressemblait un peu à tante Victorine. Si elle n'était pas morte si jeune, elle aurait sans doute succédé à tante Victorine comme chef de notre tribu, rôle qui, après la mort de cette dernière, demeura sans titulaire.

Heureuse en ménage, ses ambitions terriennes comblées, une ombre assombrissait néanmoins sa vie : la perte de son bocage (*notre* bocage) qu'ils avaient quitté « pour s'agrandir ». Cette plaine à perte de vue, sans rivière, sans buisson, balayée par un vent perpétuel qui hurlait souvent comme une meute de chiens, la rendait mélancolique. Elle disait qu'elle pleurait parfois « des nuits entières » en pensant au gazouillis des ruisseaux, à l'ombre des chemins creux, au vallonnement ombré des collines. Et alors, elle avouait tristement :

– Voilà ce que c'est que de vouloir péter plus haut que son cul.

Ceci différenciait ma lignée paternelle de ma lignée maternelle. Le grand-père Sourisseau se contentait de ses jardins, ma mère et ma grand-mère de leur vie calme et tranquille. Ils n'aspiraient à rien d'autre qu'à cette existence recluse. Tout à l'opposé, les Ragon ne tenaient pas en place. Il leur fallait toujours courir après quelque chimère, comme mon père qui alla se brûler les ailes au Tonkin, comme la cousine Marie qui s'enlisait dans la plaine, comme la tante Victorine qui avait fait de son gendre (ouvrier bourrelier échoué, on ne sait comment, du Berry en Vendée) un patron qu'elle poussait vers l'ambition.

Une fois les cérémonies des effusions familiales accomplies, cousine Marie disait :

– Vous allez bien manger une bouchée ? (Elle prononçait une *bechée.*)

Tante Victorine, son mari, cousin Gaston, cousine Suzanne, tous rétorquaient qu'ils n'avaient pas faim. Seuls l'apprenti et moi lorgnions le jambon suspendu à une poutre, d'un air de convoitise non dissimulé. Cousine Marie répétait son offre trois fois et alors, les convenances observées, toute la voiturée s'exclamait d'une même voix :

– Ah! ben... Juste une petite bouchée!

Cousine Marie décrochait le jambon enveloppé dans un torchon pour le mettre à l'abri des mouches. Elle coupait avec précaution de larges tranches épaisses qu'elle jetait dans une grande poêle en fer où grésillait du beurre. Elle mettait le couvert sur la table de bois patinée et l'on s'asseyait en soupirant, comme à regret et vraiment pour faire plaisir à l'hôtesse. Arrivaient sur la table un gros pain rond enfariné, une terrine de pâté, une motte de beurre, un pichet de vin, des fromages frais enveloppés dans des feuilles de châtaignier.

Nous protestions contre cette abondance. Puis l'après-midi se passait à manger et à discuter. Cousine Marie parlait des intempéries qui gâchaient les récoltes, du « maître », trop exigeant pour le métayage. Cousin Gaston déplorait que le monde devenait malhonnête et que ceux qui faisaient des dettes ne les payaient pas. Tante Victorine soutenait que les saisons n'existaient plus, alors que, dans sa jeunesse, le « mois de Marie était vraiment le plus beau des mois ». Elle ajoutait que, jadis, « on avait de l'honneur et que, lorsque l'on ne devait rien à personne, on pouvait marcher la tête haute ».

Vite rassasiés, nous endormant dans le ronronnement d'une conversation cent fois entendue, l'apprenti et moi nous éclipsions pour jouer à se poursuivre et à se cacher dans tous les recoins de la métairie. Jusqu'à ce que la trompe de l'auto nous rappelle l'heure du retour.

Tout le monde s'embrassait trois fois sur les joues. On se remerciait. On se congratulait. Le visage mouillé, on s'essuyait d'un revers de coude. On protestait qu'il n'aurait pas fallu se mettre en frais, que l'on passait comme ça, juste pour dire bonjour. Puis dans la voiture, loin de la ferme, on ne tarissait pas d'éloges sur l'hospitalité de cousine Marie, sur son excellent jambon, sur son beurre frais qui sentait la crème. On passait en revue les autres fermes familiales où nous nous rendions certains dimanches, comparant les différents accueils. Il n'y avait pas à jaser, c'était vraiment chez Marie que l'on était le mieux reçu. Et puis, elle savait soigner ses cochons. Quel jambon, doux Jésus! Quel jambon!

Ah! les beaux dimanches que ceux-là! Et toutes ces évasions vers la mer, encore peu fréquentée. Nous n'allions pas aux « bains de mer », nous allions à la mer comme on va aux champignons. Ma mère m'avait habitué à une économie de la cueillette. Combien de soirées consacrées à la récolte du tilleul, de la bourrache, de la menthe, de la camomille, toutes espèces sauvages ou, en tout cas, non propriétarisées! Ma mère herborisait pour la pharmacie familiale. Elle savait ajouter aussi, à l'ordinaire du jardin du père Sourisseau, des plantes un peu folles que l'on pouvait accommoder en cuisine : salade de pourpier, asperges vagabondes, jeunes pousses de fougère, horties. Sans parler des mûres qui se transformaient en confitures et des châtaignes, si abondantes dans les chemins creux tout proches, dont nous faisions des bouillies. Oui, vraiment, le bon Dieu pourvoyait encore à la nourriture de ceux qui ne gagnaient presque rien, en ce temps-là.

Il faut dire qu'en ce temps-là Dieu n'était pas mort, ni ses anges et que, même les fées, nous le verrons plus loin, veillaient encore sur les enfants sages.

Les visites des cousins et oncles fermiers, dans la Dix Chevaux Citroën, représentaient l'ordinaire des dimanches. L'extraordinaire, c'étaient les virées vers l'Océan. Des virées dont le but n'était pas différent de celui des promenades crépusculaires de ma mère puisqu'il s'agissait avant tout de ramener de l'Atlantique une provision d'espèces gratuites et mangeables : coquillages divers, huîtres, moules, que nous recueillions sur les rochers provisoirement découverts par les eaux, ou en fouissant dans le sable humide.

Les soixante-dix kilomètres de plages vendéennes étaient alors complètement déserts. Non, n'exagérons pas! Il y avait des villégiatures à Noirmoutier, du côté de Croix-de-Vie, aux Sables-d'Olonne, bien sûr, mais entre Les Sables-d'Olonne et La Rochelle, rien. Un désert de sable, bordé de chênes verts et de pins. C'est là que nous allions, du côté de l'Aiguillon, de Saint-Vincent-sur-Jar, de la Grillère. Lorsque l'automobile du cousin Gaston arrivait en vue de l'Océan, tante Victorine, paniquée par cette immensité d'eau, obligeait son gendre à garer son engin à l'abri des dunes. A l'apprenti et à moi (ou plutôt à moi et à l'apprenti, car elle avait le souci de la hiérarchie), elle lançait les premiers interdits :

– Que je ne vous voie pas vous approcher des vagues! C'est pas la porte aux Cannes, ici. C'est une eau méchante.

Aucun d'entre nous ne savait nager. Il ne serait d'ailleurs venu à l'idée de personne d'apprendre à nager. Même les marins pêcheurs se dispensaient de cet exercice. Leurs petites maisons blanches aux volets bleus tournaient toutes le dos à la mer. Signe qu'ils lui portaient peu de sympathie. La mer était une ogresse que l'on forçait à coups de rames, que l'on traquait avec des filets. On lui arrachait du ventre la nourriture qu'elle accaparait. On la dépeignait de sa chevelure d'algues. Les marins aimaient la mer comme le torero aime les taureaux, comme le soldat aime la guerre. Ils luttaient contre elle. Elle les éclaboussait et les brûlait de sel. Parfois elle broyait les navires, aspirait les hommes dans ses replis, d'où ils ne revenaient jamais.

On comprend que de telles considérations aient pu pousser tante Victorine à quelques précautions. Dès que nous sortions de la voiture, la mer nous lançait son vent aigre au visage, comme un avertissement. Elle nous giflait de sable.

– Vous l'entendez qui hurle! s'exclamait tante Victorine.

L'apprenti murmurait, en serrant les dents :

– C'est les chiens de mer. Attention à ne pas être mordus!

Nous descendions vers la plage, pliés en deux, recevant le vent de plein fouet, encombrés de tout un matériel aratoire : pelles, bêches, houes, seaux. Nous nous rapprochions des dangereuses vagues qui s'avançaient vers nous en rampant, les malignes. Il fallait à la fois les éviter et rejoindre le sable mouillé. Nos instruments de jardinier à la main, seuls sur cette plage sauvage, nous bêchions, creusions, extrayant du sable une multitude de « coques » que nous appelions des sourdons. Nous en remplissions de pleins seaux. Un peu moins de palourdes. Quelques couteaux difficiles à attraper car ils s'enfonçaient prestement dès que nous les touchions avec nos outils.

La mer descendante découvrait les rochers. Cousin Gaston les regardait avec convoitise. Il jetait un coup d'œil vers les dunes, apercevait sa belle-mère qui surveillait les opérations, bougonnait et se remettait à bêcher. Les seaux pleins de coquillages, cousine Suzanne et l'apprenti les portaient à la voiture. Cousin Gaston profitait de cette absence, qui avait pour effet de faire disparaître la silhouette de la belle-mère, pour me dire précipitamment :

– Viens, mon petit gars. On va chercher des huîtres et des moules.

Nous abandonnions bêche, pelle et houe et nous précipitions vers les rochers fouettés par l'océan. C'était le moment le plus délicieux du voyage. Nous nous trempions les pieds dans l'eau, glissions un peu sur les algues, arrachions au couteau les huîtres collées au rocher, les bouquets de moules, les pétoncles. Nous allions jusqu'à poursuivre des petits crabes dans les poches d'eau. Parfois, une vague inattendue nous éclaboussait. Cousin Gaston riait en hoquetant :

– Oh! Oh! Tu vas voir que tout à l'heure on va manger de la soupe à la grimace.

Nous ne regardions pas vers les dunes. Le vent qui venait du large nous empêchait d'entendre les invectives que l'on devinait. Il s'établissait entre cousin Gaston et moi une affectueuse complicité. Nous tournions le dos à la pesante famille, à la pesante terre. Nous foulions aux pieds les interdits. De temps en temps, cousin Gaston me regardait en clignant de l'œil. Des appels nous parvenaient, des cris :

– Ne te retourne pas, me disait-il, tu perdrais de vue ton ouvrage.

Il clignait de l'œil, malin, heureux.

Puis nous entendions patauger derrière nous. L'apprenti rappliquait, affolé :

– La patronne va vous engueuler. Faut que vous vous magniez le train.

On se retournait. Tante Victorine, tout en haut des dunes et cousine Marie sur la plage, agitaient les bras, déesses imprécatoires.

Cousin Gaston me prenait par la main :

– N'aie pas peur, va, ça s'arrangera.

Mais j'avais bien l'impression que c'est lui qui me serrait la main très fort, pour se rassurer.

Comme on le voit, malgré l'absence de mon père je basculais dans la famille paternelle. Je découvrais plus d'attraits à la bourrellerie qu'au jardin du père Sourisseau. Ma famille paternelle m'appelait, me réclamait. La camaraderie des apprentis, l'animation du commerce, l'évasion dominicale vers les métairies ou la mer, tout cela m'arrachait à la molle torpeur de ma famille maternelle.

Ma mère s'en émut. A tel point qu'elle osa un jour m'accompagner de nouveau jusqu'à la bourrellerie et affronter la tante Victorine elle-même. Il lui en avait fallu du courage. Elle avait cent fois répété son rôle, les paroles définitives qu'elle prononcerait, très digne, sans élever le ton, comme une mère sûre de son bon droit devant une étrangère. Mais toujours, en pareil cas, l'inattendu arrive. Nous trouvâmes le petit logement contigu à la bourrellerie sens dessus dessous. Des bassines, des chaudrons, des paniers débordant de linge emplissaient la cuisine et la salle à manger. Le trottoir en était submergé. Une eau savonneuse ruisselait dans le caniveau. Et dans ce capharnaüm tante Victorine, le jupon retroussé, nous reçut sans façon.

– Vous me prenez mon fils, lança ma mère, sur le ton de la tragédie.

– Quoi, quoi! dit tante Victorine, affairée. Mais vous voyez bien que c'est le jour de la lessive!

Ma mère en resta bouche bée. Le jour de la lessive! On ne peut pas provoquer un drame en un moment pareil. La lessive ordinaire se faisait une fois par semaine, la grande lessive une fois par mois. Pour le jour de la lessive, on engageait une femme de peine, que l'on nourrissait bien et qui mettait toute la maisonnée en l'air. Pas chez nous, où c'était au contraire ma grand-mère qui allait lessiver chez les bourgeois et nous ramenait dans sa dorne (son tablier) les reliefs de son repas.

Interdite, ma mère me reconduisit à la maison et plus jamais ne se plaignit de mes escapades vers la bourrellerie.

2

LE ZOUAVE DU SACRÉ-CŒUR

Néanmoins, ma famille maternelle avait son zèbre.

Il s'appelait Tata. Ma mère, ma grand-mère, mon grand-père, tout le monde l'appelait Tata. Cet oncle de ma grand-mère était un très vieil homme maigre, au cou ratatiné comme celui d'un poulet déplumé. Il arrivait de temps en temps du marais, où il gîtait dans une cabane de jonc, tout poussiéreux, les souliers crottés, avec, dans sa gibecière, un col-vert ou un lièvre dont il nous faisait cadeau. Il avait été longtemps tisserand et ma grand-mère montrait encore avec fierté les gros draps de toile crue de sa confection. Mais, depuis qu'il s'était ensauvagé, il vivait de braconnage. Tout le monde le savait, même la maréchaussée qui fermait les yeux car il était intouchable en raison de son passé héroïque et légendaire. Tata avait été zouave du Sacré-Cœur.

Inutile de dire que ce personnage mystérieux me fascinait. Nous n'attendions jamais sa visite, car il survenait toujours à l'improviste. Avec lui, entrait une odeur de fauve et d'eau croupie. Il se glissait silencieusement dans le couloir. La pratique du braconnage le faisait marcher sans aucun bruit. Ses pieds ne paraissaient pas toucher terre. Aussi surgissait-il dans la cour, comme un diable, en s'ébrouant. Puis il sortait de son sac son cadeau : le gibier encore tiède.

Ma grand-mère lui avançait une chaise qu'il refusait, préférant s'asseoir sur un chaudron retourné. Il était, bien sûr, très vieux; mais tout le monde, à part les apprentis de la bourrellerie, me paraissait alors très vieux. Ma grand-mère et ma mère m'expliquaient qu'en son cas la longévité dépassait les normes. Il avait combattu les Prussiens avec Monsieur de Charette. Toutefois, une confusion s'opérait chez mes deux mères. Il ne s'agissait pas du Charette de 93, ni du Charette de 1832, mais d'un troisième Charette, celui qui commandait les Volontaires de l'Ouest en 1870.

Quoi qu'il en soit, Tata était presque nonagénaire. Il ne se plaignait jamais de sa santé. Sa vue était excellente si l'on en croyait l'efficacité de ses collets. Il ne se déplaçait jamais autrement qu'à pied et, du marais à Fontenay, il lui fallait quand même parcourir une vingtaine de kilomètres à l'aller et autant au retour. Comme il comptait en lieues, ça paraissait quatre fois moins loin.

Il s'installait chez sa nièce (ma grand-mère) pour quelques jours. Elle lui étalait une paillasse dans la remise aux outils, où il se trouvait très bien. Accoutumé à se lever à l'aube, il se faufilait dans le petit matin vers la rivière toute proche et en ramenait une poignée d'anguilles dénichées sous les pierres. C'était autant de gagné pour le repas de midi.

Ma grand-mère m'avait appris à lire avant que j'aille à l'école. Elle tirait de l'armoire à deux battants de gros livres rouges à tranches dorées qui racontaient de merveilleuses histoires. Celle du chevalier de Charette, de ses paydrets aux vestes de mouton noir, de ses amazones, de ses victoires sur les Bleus. Celle du père de Montfort, de ses cantiques, de ses calvaires, de sa grotte dans la forêt de Mervent voisine, de son culte du Sacré-Cœur repris par les paysans insurgés de 93. Charette et le Sacré-Cœur, la panoplie complète de Tata. Puisqu'il était si vieux, aucune incompatibilité ne m'apparaissait à ce qu'il ait vécu à la fois du temps du père de Montfort et de celui du chevalier de Charette. D'ailleurs ma grand-mère et ma mère en semblaient elles-mêmes persuadées. Aucune impossibilité non plus à ce qu'il vive éternellement comme ce Bonhomme Misère, dont un autre livre relatait la dure existence.

Seulement, l'âge aidant, la curiosité s'affine. Je subodorais que si la misère était éternelle, Tata ne l'était pas. Je pris l'habitude de l'accompagner un bout de chemin lorsqu'il repartait vers le marais. Il suivait invariablement la rivière, à partir du pont des Sardines jusqu'au Pont-Neuf, passait devant la sous-préfecture et empruntait ensuite le chemin du halage. Nous quittions très vite la ville. La rivière se faufilait dans des champs bordés d'ormeaux et de chênes têtards. Tata marchait silencieusement, à tout petits pas. Il me tenait par la main, une main pleine d'os et à la peau rêche. Arrivé au troisième échalier, toujours le même, celui qui donnait accès à une prairie où paissaient de belles vaches rousses, Tata me lâchait la main :

– Allons, mon drôle, faut t'en retourner, sinon les loups te mangeront.

– Il n'y a plus de loups.

– Vois-tu ça! Et moi, crois-tu que je ne suis pas un vieux loup.

– Je n'ai pas peur que vous me mangiez.

– Pardi, malin, tu sais bien que je n'ai plus de dents.

– Je voudrais que vous me racontiez l'histoire du chevalier de Charette.

– Une autre fois.
– C'est vrai que vous avez été zouave? Alors vous connaissez l'Afrique. J'ai vu, dans des livres, des images qui montraient des zouaves, avec des chéchias rouges et des pantalons bouffants comme des jupes de dames.
Tata se redressa (il avait tendance à se courber, à tant se courber que parfois je craignais qu'il ne tombe en avant). Je perçus une lueur d'orgueil dans ses yeux gris.
– Moi, j'étais zouave du Sacré-Cœur.
– Racontez-moi, Tata.
– Une autre fois.
Il me fallut attendre sa prochaine virée. Dès qu'il arriva, je ne tins plus en place. J'aurais voulu qu'il me raconte tout de suite ses aventures. Mais il somnolait, assis sur son habituel chaudron. Ce n'est qu'en l'accompagnant sur le chemin du halage qu'il se décida à me répondre, juste au moment où nous arrivions à l'échalier qui marquait notre séparation.
– Cette fois, Tata, racontez-moi.
Il adossa son corps maigre contre l'échalier :
– Le capitaine de Charette nous avait emmenés à Rome pour défendre le Saint-Père contre Garibaldi. Mais quand Napoléon attaqua les Prussiens, le colonel de Charette nous ramena en France.
Je n'étais pas encore très calé en histoire, mais ce premier exposé me paraissait clocher. D'abord ce Charette, était-il capitaine ou colonel et que venaient faire Napoléon et les Prussiens?
– Le baron de Charette...
– Monsieur de Charette était chevalier.
– Ne m'interromps pas tout le temps, sinon je ne m'y retrouverai pas. Tu parles de monsieur de Charette du temps des chouans, le mien c'est son petit-neveu. Petit-neveu comme tu es pour moi. Il a été notre capitaine à Rome, notre colonel lorsqu'il a mis ses trois cents zouaves pontificaux à la disposition de la République,

quand Napoléon le troisième fut fait prisonnier par les Prussiens. Il a été général lorsque les zouaves pontificaux devinrent les Volontaires de l'Ouest. La République nous avait demandé de changer de nom, mais sur notre bannière blanche un cœur rouge était brodé.

– C'est la guerre de 70 dont vous parlez?

– La guerre contre les Prussiens, oui.

– Vous en avez vu, des Prussiens?

– Si j'en ai vu, oui, j'en ai vu. Même que je les revois toujours dans mon sommeil. Ils rappliquent comme des corbeaux de malheur. Avec leurs casques à pointe. J'entends encore les chevaux des uhlans aux bottes et aux lances noires lorsque je pose mon oreille contre terre. Ça galope, ça galope. Un galop d'enfer.

Je pensais à ma grand-mère qui ponctuait invariablement la fin des repas par : « Encore un que les Prussiens n'auront pas. » Donc, Tata avait combattu les Prussiens dans l'armée de la Loire. Mais tout cela n'était pas très clair. Comment ces zouaves du Sacré-Cœur et ce monsieur de Charette avaient-ils pu se mettre au service de la République? Se battre comme des lions en 93 pour ne pas être incorporés dans les armées de la République qui s'opposaient aux Autrichiens et aujourd'hui accourir, avec ce même drapeau du Sacré-Cœur, pour barrer la route aux Prussiens...

– La Vendée était allée protéger le pape. Elle a ensuite protégé la Loire, qui est notre fleuve. Et puis, les mêmes messieurs nous conduisaient. Non seulement de Charette, mais le petit-fils de Bonchamps, le petit-fils de Stofflet, le petit-fils de Cathelineau. C'est la Vendée de 93 qui s'est réveillée pour une dernière bataille.

– Vous vous êtes battu contre les Prussiens?

– Mon pauvre petit, si tu savais... On croit qu'on va se battre. On s'enthousiasme. Les clairons sonnent. Et on s'enfonce dans une sorte de brouillard de feu et de sang. On ignore ce qu'on fabrique. On attend. On avance. On subit les événements. On crève ou on s'en tire, sans comprendre comment. Allez, retourne-t'en, il fait si froid.

– Mais, Tata, il fait chaud. On est en juillet!

– Ah! C'est le froid de la Beauce qui me revient dans les os. Un pays si plat, si boueux. Quel froid! Quelle boue! On marchait au canon. On cherchait l'ennemi dans l'horizon plat. Le 1er décembre, à trois heures du matin, on s'était réunis à l'église de Saint-Péravy pour entendre la messe. Le soir, dans une pénombre rose, nous entrevîmes les labours jonchés de cadavres. Les mobiles bretons avaient été décimés par une charge de cuirassiers bavarois. L'incendie de Loigny éclairait le champ de bataille. Ah! vois-tu, on enrage quand on ne peut rien faire, l'arme au pied, attendant des ordres qui n'arrivent pas. Au loin, on apercevait des casques à pointe dont les ombres se penchaient sur les blessés pour les assommer et leur fouiller les poches. A perte de vue, la plaine était parsemée de ces képis plats que les mobiles portaient crânement sur le côté et qu'ils avaient perdus dans leur déroute. L'incendie de Loigny devint plus fort et, à terre, les cuivres des clairons à passementerie rouge brillaient, les baïonnettes des chassepots et des carabines Springfield scintillaient. Des râles, des gémissements, des hurlements nous vrillaient les nerfs. Les officiers nous obligeaient à ne pas bouger. A l'aube, on vit revenir les Prussiens, poussant devant eux des paysans requis suivant l'usage pour enterrer les morts dans les grandes fosses creusées à la pelle.

« Soudain les guérets d'hiver se couvrirent de bleuets et de coquelicots. La garde mobile avançait, dans ses uniformes bleus et rouges. Au loin, les petits bois qui émergeaient de la platitude disparurent dans la fumée, puis les flammes. On s'exaspérait de rester au spectacle, nous, même si, de temps en temps, un boulet tombait et faisait une trouée dans nos rangs. Entre les deux armées ennemies se trouvait une ferme immense, comme une forteresse. Les Bavarois, à ce qu'on nous disait, s'étaient retranchés dans sa cour. Toute la matinée, le 37ᵉ régiment de marche attaqua la ferme. Comme ils ne réussissaient pas à en déloger l'ennemi, les sapeurs s'avancèrent, avec leur grande barbe sous leur bonnet d'ours, leur tablier de cuir blanc qui leur allait du cou au mollet, brandissant leurs énormes haches. Se découvrirent aussi les fusiliers marins avec leur bonnet à pompon. On entendait les tambours, les clairons, les cris, les appels. Venant d'Orgères, de Tanon, de Goury, de Bazoches-les-Hautes, l'infanterie prussienne surgissait, avec ses casques à pointe sur lesquels étincelaient les aigles dorés.

« A midi, enfin, Monsieur de Charette nous a donné l'ordre d'attaquer. On s'est déployé à notre tour vers la ferme de Beauvilliers, en enjambant les morts, au pas, sous une mitraille qui nous décimait de plein fouet et on criait : " Vive Pie IX! Vive le Sacré-Cœur! " C'est là que le fils et le petit-fils de Bonchamp ont été tués. C'est là que Monsieur de Charette, la cuisse traversée d'une balle, a été ramassé par les Prussiens. C'est là que le général de Sonis a eu le genou brisé. Des quinze officiers qui se trouvaient avec nous à la messe de Saint-Péravy, six seront tués et les neuf autres blessés. Sur les trois cents que nous étions, nous ne sommes revenus que cent, le cœur gros de laisser nos blessés couchés parmi les morts, dans cette maudite plaine sur laquelle tombait une grosse neige qui, peu à peu, recouvrait les corps. »

Comment se faisait-il que Tata parlait aussi savamment? Il avait un vocabulaire bien riche pour un cabanier. Et quelle extravagante aventure que ce Vendéen s'engageant dans les zouaves pontificaux! Comme tout cela ressemblait peu à ce vieillard au dos cassé, vêtu comme un mendiant et qui s'en retournait lentement dans sa solitude du marais.

J'ai cherché depuis à en savoir plus sur ces zouaves du Sacré-Cœur, étrangement oubliés. Et pourtant quelle péripétie que la leur! Bizarrement, leur itinéraire suit celui de Jeanne d'Arc : Orléans, Patay... Parmi ces Volontaires de l'Ouest qui gonflèrent les rangs des zouaves pontificaux, des paysans et des domestiques, des ouvriers des Mauges, des séminaristes envoyés par les évêques et tous les petits-fils des chefs vendéens de 93, nobles ou roturiers. Par un curieux hasard (mais trop de hasards pour que cela ne signifie pas quelque chose), je vis depuis dix-sept ans dans un village agricole de la Beauce qui se situe peu loin du lieu de ces combats. Des monuments aux morts de 1870 ponctuent la plaine, aux emplacements des batailles et des charniers. La ferme de Beauvilliers existe toujours. C'est un très vaste bâtiment isolé. Lorsque je m'y suis rendu en pèlerinage, en mémoire de Tata, le ciel très bas, noirâtre, immense, semblait vouloir m'engloutir, comme une mer inversée. Un terrible vent de plaine m'obligeait à marcher replié en avant. Il me fallait foncer, la tête dans le vent qui sifflait comme l'océan en tempête. Que diable mes Vendéens venaient-ils faire là, si loin de leur bocage? Que diable Jeanne-la-Lorraine venait-elle faire là, si loin de Domrémy? Ah! que j'aime ces fous, ces francs-tireurs, tous ces gens qui s'occupent de ce qui ne les regarde pas, tous ces amateurs, tous ces fiers-à-bras, tous ces en dehors, tous ces inspirés, tous ces inconscients, tous ces possédés, tous ces toqués des grandes causes et des petits bénéfices, tous ces échappés de la quotidienneté conforme, tous ces chimériques, ces éperdus, ces extravagants, ces excentriques, ces mabouls, ces obsédés d'un idéal qui les dépasse; qui les dépasse mais ils courent après, ils courent à perdre haleine, à perdre l'esprit, à perdre vie.

J'attendais les retours de Tata avec impatience. Il se passait parfois des mois avant qu'il ne réapparaisse, en catimini, dans le couloir de la maison. « Il marche à pas de loup », disait ma mère qui n'avait jamais vu de loup. Et moi je pensais à ce que m'avait dit Tata, qu'il était un vieux loup édenté.

Cher vieux loup dont l'allure se faisait de plus en plus lente et qui, comme nous l'observâmes avec dépit, apportait des proies de plus en plus chétives. Nous étions devenus complices, de cette complicité malicieuse qui s'installe entre vieillard et enfant. J'attendais impatiemment qu'il continue son histoire des zouaves du Sacré-Cœur et, lui, prenait plaisir à m'en entretenir. Mais tant qu'il demeurait à la maison, nous n'en soufflions mot. Même lorsque je l'accompagnais le long de la rivière, lorsqu'il repartait vers ses roseaux, nous n'abordions ce sujet qu'une fois arrivé à l'ultime échalier.

– Alors, Tata, la bataille de Patay c'était une victoire ?

– Jeanne d'Arc y avait triomphé dans les blés mûrs, nous, la neige et le froid... L'hiver c'est la mort, la défaite. Orléans n'est qu'à six lieues de Patay. La cavalerie prussienne, après nous avoir écrasés à Patay, fonçait sur Orléans, sur Chartres, sur Blois. Bientôt, on se battit à Vendôme... Une armée en retraite c'est comme la vieillesse, vois-tu. On sent la vie qui s'en va, et la joie, et la force. On régresse. On recule. On n'a plus de prise sur le destin.

Les vaches rousses ne paissaient pas dans le pré ce jour-là. A leur place piétinait un gros cheval pommelé qui vint vers nous en secouant sa crinière.

Tata lui caressa la tête, longuement, songeur :

– Les chevaux, quel écœurement ! Dans notre déroute, les uhlans nous harcelaient avec leurs charges de cavalerie. Pour nous défendre, il nous fallait éventrer les chevaux prussiens à coups de baïonnette. Rien que de penser à toutes ces bêtes qui perdaient leurs tripes en bramant de douleur, me donne encore envie de dégueuler.

– Vous couriez, les Prussiens à vos trousses?

– Tu vois ça comme la petite guerre des gamins. Mais quand les chevaux qui traînent les canons sont tués, les soldats doivent s'y atteler et tirer avec des cordes, pousser à l'épaule. On emporte aussi avec soi tout le barda : le havresac de toile, la gourde, le sac à pain, la couverture roulée. On emporte les tentes qui seront montées aux étapes. Et notre fusil à percussion Remington, un fameux fusil qu'on appelait l'Égyptien, calibre 44, équipé d'un sabre-baïonnette.

– Pourquoi l'Égyptien?

– Un fusil américain destiné à l'Égypte et qui nous était tombé entre les mains je ne sais comment. On en a fait voler, des casques à pointe, avec les balles de ce Remington!

– Ça s'est terminé comment la guerre de 1870?

– Les Prussiens nous ont pourchassés jusqu'au Mans. Le 11 janvier de l'année 1871, le régiment de ligne, les mobiles, les fusiliers marins, bousculés au sommet du plateau d'Auvours, après une heure de lutte corps à corps, décrochent. Nos clairons sonnent la charge et on s'élance sur les collines sous le feu prussien. On voyait les fantassins et les canons qui descendaient en débandade. Mais le 12, à neuf heures du matin, il nous fallait abandonner le plateau d'Auvours et les Prussiens entraient au Mans. Le 27 janvier, l'armistice était signé. Nous sommes retournés en Vendée, parmi les autres Volontaires de l'Ouest. Avec, en poche, nos vingt sous de solde.

Plusieurs mois se passèrent et Tata ne revint pas. Mes deux mères ne s'en émouvaient pas. Comme je m'inquiétais, elles me dirent que le vieil oncle était comme ces oiseaux migrateurs qui savent retrouver leur nid. Elles s'étaient tant habituées à ses pérégrinations, à sa volonté de liberté jalousement sauvegardée, qu'il leur semblait naturel qu'il en soit toujours ainsi.

Je tarabustai cousin Gaston pour qu'il m'accompagne dans le marais où Tata était peut-être malade, blessé, que sais-je. Mais cousin Gaston, à la seule idée d'emprunter l'auto sans l'assentiment de sa belle-mère, se paniquait. Il accepta seulement de nous prêter des vélos, à l'apprenti et à moi. Nous irions présenter des factures dans quelques métairies débitrices et, par la même occasion, nous chercherions Tata dans les conches.

Au sud de Fontenay-le-Comte, le Marais poitevin étend ses prairies mouillées, ses canaux, ses rigoles, ses biefs, ses fossés, ses talus. Des peupliers, des trembles, y forment des voûtes épaisses de verdure. Entrer dans le marais, c'est quitter le sol ferme pour une terre spongieuse, quitter la route pour des voies d'eau qui se perdent dans le fouillis végétal. C'est un labyrinthe dans lequel on ne se glisse qu'en empruntant de longues barques plates que l'on pousse en se servant d'une perche enfoncée lentement dans le lit des sentiers d'eau.

L'apprenti répugnait à pénétrer dans ce territoire où tout semble mouvant. Comment d'ailleurs s'y retrouver quand on n'est pas maraîchin? Et où créchait Tata? Mon entreprise lui paraissait à juste titre absurde. Mais, après tout, j'étais le filleul de la patronne, ce qui donne bien droit à quelque fantaisie.

Nous abandonnâmes les bicyclettes près d'une oseraie. Des souches de saules et de frênes bordaient un canal à demi recouvert par des feuillus qui se rejoignaient d'un bord à l'autre. L'apprenti aperçut une barque, tira sur la chaîne qui l'amarrait à la berge et nous sautâmes dans la yole. Avec une pelle de bois, nous commençâmes par écoper puis, à la grâce de Dieu, l'embarcation détachée, nous partîmes pour l'inconnu.

La yole glissa sous les frondaisons vertes. L'eau était

si claire que nous voyions passer des tanches sur le fond d'algues.

Comme tous les canaux, celui que nous avions emprunté se ramifia bientôt en rigoles qui, elles-mêmes, se subdivisèrent en conches. Nous nous retrouvâmes bientôt dans un méandre de voies d'eau, sans aucune possibilité de repère.

– Je crois bien, dit l'apprenti, qu'on s'est perdus.

Il se produisait, au cœur du marais, un silence étrange, coupé de cris d'oiseaux, d'envols. La peur commençait à nous gagner. Bêtement, je m'époumonais : « Tata! Tata! », comme s'il eût été le seul habitant de ce désert vert.

Sur le soir, une yole chargée de bidons de lait surgit au détour d'un fossé. Je hélai l'homme qui la pilotait, lui demandant s'il connaissait un vieux braconnier qu'on appelait Tata.

L'homme nous regarda avec étonnement (que faisaient ces deux enfants dans cette « platte »?) et ne répondit rien.

Un peu plus tard, passa près de nous une barque à chèvres, conduite à la pigouille par une petite fille. Ma question la fit bien rire. Tous les maraîchins étaient vieux, nous dit-elle, et tous étaient braconniers. Elle poussa son embarcation, très vite, et disparut derrière des saules en nous envoyant des baisers.

L'apprenti maugréait. Tout ça finirait mal. Et il n'en avait rien à foutre de mon aïeul. Nous aperçûmes des huttes de roseaux, sur la berge. Mais nous ne réussîmes pas à accoster. Étrangement, notre barque, dès qu'elle approchait de la rive, était prise dans un remous qui la reflouait au milieu du canal. Des hommes et des femmes, sortis des huttes, nous interpellaient en rigolant. Ils ressemblaient à des gnomes, gesticulaient, nous tiraient la langue. Je voulais les interroger sur Tata, mais ils me répondaient : « Taratata! Taratata! » Rien à faire. Ce monde ne voulait pas de nous. Comme si le marais lui-même se moquait de notre équipée, après nous avoir égarés dans son labyrinthe pendant toute la journée, voilà qu'il nous rejetait vers la plaine, le courant nous reconduisant lui-même vers nos vélos couchés près de l'oseraie.

Je n'ai jamais revu Tata. Nous n'avons jamais reçu de ses nouvelles, mais qui nous en aurait donné? « Dieu nous l'avait donné, Dieu nous l'a repris », dit dans sa sagesse ma bonne grand-mère. Et personne n'en parla plus.

3

LA GRANDE MAISON AVEC UNE TOUR PRÈS DE LA RIVIÈRE

On est couvé dans un nid, et soudain, sans rime ni raison, on vous flanque par-dessus bord et vous tombez de haut. D'un univers féminin, vous passez dans une société d'hommes. Du linge blanc au linge noir.

Tout était noir dans ce nouveau monde qui recevait l'écolier. Les frères des écoles chrétiennes chargés de nous éduquer, vêtus de costumes noirs, jetaient sur leurs épaules, dans la cour de récréation, un curieux manteau (noir) dont les manches restaient vides. Ce qui leur valait d'être appelés les frères à quatre-bras. Il nous semblait bien en effet que leurs bras se multipliaient, tellement leur dextérité à s'en servir comme matraques était vigoureuse. Les enfants avec lesquels je me trouvais confronté étaient, eux aussi, accoutrés uniformément de tabliers noirs et coiffés de bérets noirs. Au milieu du mur de la classe, derrière l'instituteur, un grand tableau noir nous attendait pour les interrogations.

Après la terre, la plume et le cuir, venait le temps de l'encre et du papier.

Tout me terrorisait à l'école : tant de garçons enfermés dans un lieu aussi étroit, agressifs, bruyants et ce « frère » auquel nous avions été livrés comme du bétail et qui abusait de son autorité. Ce qu'il racontait aurait pu, d'ailleurs, s'apparenter à l'humour noir, si nous avions su en décortiquer le sel. Mais nous écoutions, béats, sans comprendre pourquoi il nous fallait retenir par cœur les noms de tous les départements français, avec leurs chefs-lieux et leurs sous-préfectures; pourquoi il nous fallait calculer combien d'hectolitres d'eau débitent trois robinets, dont le jet est différent et qui coulent dans trois récipients de différente grandeur. Nous étions comme des oies que l'on gave. Dans nos cervelles toutes neuves devait entrer une foule de noms nouveaux, de dates, de lieux. Quelle indigestion! Toute l'histoire du monde se déroulait en accéléré. D'Adam et Ève au paradis jusqu'aux poilus de la guerre de 1914, en passant par Vercingétorix, les rois fainéants, Jeanne d'Arc (ça, je connaissais, puisque Tata... Patay...), le Grand Ferré cassant la tête des Anglais puis mourant pour avoir bu de l'eau glacée (il ne faut jamais boire trop froid lorsque l'on a trop chaud), le chevalier d'Assas transpercé par l'ennemi pour avoir signalé leur présence (il ne faut jamais mentir, quitte à en souffrir), la poule au pot de Henri IV et le vase de Soissons, la tête coupée de Louis XVI et la Pompadour, l'aigle de Napoléon et la baignoire de Marat, les mignons de Henri III et le pont du chevalier Bayard, les messes clandestines dans les granges pendant la Révolution et sainte Blandine mangée par les lions (à Lyon... bizarre!), les prêtres fusillés par les Communards et l'évêque de Marseille sauvant sa ville de la peste. Oui, et Tata dans tout ça? Et les zouaves du Sacré-Cœur?

Excédé par tant d'injustice, je crus bon de protester.

Ma première protestation. Elle aboutit comme réponse à un vigoureux coup de règle sur les doigts et à cette répartie que je devais ensuite souvent entendre :

– Ça t'apprendra à faire le zouave!

Consécutivement, apparut un nouveau personnage, vêtu de noir de la tête aux pieds. Une barrette noire sur la tête, une soutane noire sur le corps, des godillots noirs, un bréviaire noir dans les mains, des ongles noirs, des idées noires : le curé de la paroisse avec lequel nous devions apprendre le catéchisme. Comme si n'était pas suffisante notre première rencontre avec l'Histoire (cette Histoire pleine d'entrechoquements d'os de squelettes, bal du diable mené bon train, bal des puissants obligeant les humbles, les obscurs, les sans-grade à danser le menuet à coups de fouets et de pétoires) le curé crut opportun de nous dévoiler les horreurs du péché et, par ricochet, les supplices de l'enfer. Aux événements de l'Histoire, qui sont eux-mêmes une parodie de l'enfer, s'ajoutèrent donc des récits plus spécifiquement diaboliques destinés, dans l'esprit du prêtre, à nous détourner du mal.

Y avait-il des pécheurs parmi nous? Et quel grand péché eussent-ils pu commettre? Toujours est-il que l'effet escompté par le curé fut tout à fait contraire. Excités par les descriptions infernales, les plus forts d'entre nous devinrent de vrais démons, nous terrorisant, hurlant, cherchant par tous les moyens à nous amocher. Quant aux plus faibles, parmi lesquels j'avais la malchance de me trouver, traumatisés à la fois par « le frère », le curé et les forts, nous osions à peine respirer. Nous en avions des cauchemars. Ma mère m'avait passé au cou un scapulaire et des médailles bénies étaient cousues à ma chemise. Malgré cela je tombai malade et, dans mon délire, je descendis en enfer et rêvai en couleurs. Tout mon rêve était vert, du même vert. Le diable était vert, le feu vert, les damnés verts. Un enfer campagnard, plein de chlorophylle. Lavé du noir, je guéris.

Je guéris et me tins coi. J'observai. J'empruntai au père Sourisseau son silence. Je prenais goût à l'étude. Tant et si bien que le frère à quatre-bras (comme il y a des chats à sept-queues) ne me remarqua plus. Par contre, un de mes malheureux condisciples retenait toute son attention. Il n'était pas plus bête qu'un autre, pas plus dissipé, plutôt moins effronté et pourtant il avait le don de susciter toutes les colères de notre pédagogue. Et quelles colères! Les coups de baguette, les livres envoyés à la volée à la tête des étourdis, les gifles, qui constituaient l'ordinaire de notre éducateur, n'étaient rien à côté des crises d'hystérie qui le saisissaient lorsqu'il fonçait sur sa bête noire (noire, évidemment). Il le saisissait par l'oreille, le soulevait de terre et le jetait dans la poubelle à papier. En supplément, il lui arrivait de lui botter le derrière avec ses souliers à clous (noirs) ou de lui marteler le dos de coups de poing. Il n'y avait guère que dans la poubelle à papier qu'il était tranquille, le pauvre vieux. Il s'efforçait d'ailleurs de s'y faire oublier, s'y enfonçant le plus possible et finissant par y dormir.

Le traitement infligé à notre camarade avait pour effet d'épouvanter la classe qui n'osait plus moufter.

Ce bouc émissaire (ce chevreau, plutôt) je le connaissais de vue. Nous étions voisins. Sa mère tenait une minuscule épicerie sur la place des Halles. Ma mère y achetait le sucre et le sel. Une telle aversion de l'instituteur, une telle mise au rancart, une telle brutalité, contribuaient à isoler le fils de l'épicière. Pour être aussi rejeté, c'est qu'il ne devait pas être normal. Chacun de nous le regardait de biais, et l'évitait, comme s'il allait nous porter la poisse. Toutefois, notre voisinage nous rapprocha. Il aimait, comme moi, barboter dans la rivière, presque à sec, l'été sous le pont des Sardines. Nous

nous retrouvions à la porte aux Cannes, en train de soulever des pierres dans le lit du courant pour essayer d'y capturer des anguilles qui, presque toujours, nous filaient entre les doigts, en nous laissant la main gluante. Comment se débrouillait Tata pour en attraper autant?

– Dis donc, qu'est-ce que tu dérouilles! Tu lui as fait quoi, au « frère », pour qu'il te tabasse comme ça?

– Rien, je te jure. Y doit me prendre pour un autre. Mais je me vengerai. J'ai mon plan. Y perd rien pour attendre, le corbeau.

– Tu as un plan?

– Si tu veux être mon copain, je te mets dans le coup.

Intrigué, alléché, j'acquiesçai.

– Tu n'as pas peur du noir?

Encore le noir, toujours le noir. Si, j'avais peur du noir. Je ne lui cachai pas.

Il me montra une maison construite en bordure de la rivière, tout en haut de la porte aux Cannes, avec une tour ronde :

– Elle est belle, cette maison, non? Quand je serai grand j'y habiterai et, si tu m'aides pour mon plan, je t'y inviterai.

Les coups du « frère » devaient avoir ébranlé le cerveau de mon camarade. Comment pourrait-il acquérir cette maison bourgeoise, lui dont la mère était aussi pauvre que la mienne? A part le sucre et le sel, qui rapportent de si faibles bénéfices, que vendait-elle, la mère du petit Jean (il s'appelait, il s'appelle toujours Jean). Personne n'avait besoin de légumes ni de fruits. Personne ne mangeait d'autres conserves que celles que l'on préparait soi-même. Du tapioca, un paquet de nouilles de temps en temps, du café pour le dimanche, des bonbons pour les fêtes...

L'envers de la grande maison avec une tour donnait sur la porte aux Cannes. L'endroit, place des Halles, faisait vis-à-vis avec l'épicerie de la mère de Jean. Une telle proximité finissait par lui taper sur le ciboulot.

– Demain, dit Jean, quand on reviendra de cette foutue école, je te montrerai.

Il passa cette nouvelle journée dans la poubelle à papier. Désormais, il y allait de lui-même, esquivant ainsi les coups. Nous retournâmes ensemble de l'école et il m'invita à le suivre tout près de la grande maison.

– Personne ne l'habite. J'ai trouvé l'endroit pour y entrer.

Il décrocha prestement la grille du soupirail de la cave et nous nous engouffrâmes dans l'obscurité. Sortant de la poche de sa culotte une bougie, il me la tendit, alluma une allumette :

– Puisque tu as peur du noir.

Il connaissait tous les aîtres de la maison, se faufilant de la cave au rez-de-chaussée.

– Fais gaffe, faut pas qu'on nous voie.

La maison était abandonnée, mais meublée abondamment. J'étais tout intimidé de pénétrer ainsi par effraction dans un logement inconnu, dont les propriétaires pouvaient survenir d'un moment à l'autre. Intimidé et apeuré.

– Ne tremble pas comme une fille, me dit Jean. Je la reluque tous les jours de chez ma mère, cette maison. Personne n'y vient, foi jurée!

Il me fit signe de le suivre dans la tour. Je n'étais jamais monté dans une tour. L'aventure prenait une allure merveilleuse. Les tours étaient de l'espèce des châteaux, des chevaliers, des châtelaines. « Sur la plus haute branche, un rossignol chantait... » Une petite fille fredonnait cette chanson dans une maison voisine de la nôtre. Je ne l'avais jamais vue, mais j'entendais souvent sa voix dans la cour de ma grand-mère. « Chante, rossignol chante... » Il n'était pas question de tour et il me semblait pourtant que j'allais rencontrer la petite fille à la jolie voix au sommet de cette tour. Mais non. Il y avait une bibliothèque. Que de livres réunis en un même lieu! Inimaginable!

Jean se dirigea directement vers un gros volume posé sur un guéridon et m'invita à en lire le titre :

Le
Grand Albert
et les
secrets merveilleux
de la
magie naturelle et cabalistique
traduits d'après l'original en latin
intitulé
Alberti Parvi LVCII
Libellus et Mirabelimus Naturae Arcanis

– C'est un livre de messe, demandai-je?

– Mais non, ça y ressemble, mais c'est pour prier le diable. Le bon Dieu, tu vois, il ne nous aime pas beaucoup, ma mère et moi. Alors, j'ai trouvé ça. Pourquoi pas essayer avec le diable. Il y a plein de recettes, là-dedans, pour invoquer le démon. Les gens qui ont construit ce château ont su lire le livre et en tirer profit.

– Ce n'est pas un château, ici.

– Quand il y a une tour, c'est un château. Moi, ce que je veux, c'est que le diable brûle le « frère » à petit feu et que, plus tard, j'hérite de cette maison.

Jean prononçait ces énormités avec une telle conviction qu'il m'épouvantait.

– Veux-tu m'aider? Ce qu'il nous faut, c'est des cierges. Beaucoup de cierges. On en fauchera à l'église. J'ai lu, là-dedans que les cierges bénits éloignent les esprits et que la chandelle pétille lorsque l'on approche du but.

– Quel but?

– Ensorceler le maudit « frère », pardi! Et l'envoyer tout droit en enfer.
– Je peux lire.
– Oui, mais fais attention. Si tu lis avec malignité tu auras les yeux brûlés.
Je préférai ne rien lire ce jour-là. Je m'approchai d'une petite fenêtre. On apercevait, en contrebas, la rivière et la porte aux Cannes. Un peu plus loin, des nénuphars recouvraient tout un plan d'eau. La rivière... Je pensai à Tata, à ses confidences lorsque je l'accompagnais jusqu'à l'échalier. Connaissait-il le Grand Albert? Quelqu'un qui ne l'aimait pas l'avait-il fait disparaître? Ce gros bouquin, sur le guéridon, m'inquiétait. Il sentait le péché, peut-être bien le péché mortel.
– C'est dangereux, ces machins-là, dis-je. Tu devrais laisser tomber.
Jean me regarda de haut, la moue dédaigneuse :
– Alors tu te dégonfles déjà. Toi, « le frère », il t'a bien mouché un jour. Rien ne dit que tu ne prendras pas ma place dans la poubelle. En tout cas, moi, faut que je me venge. Aide-moi, et un jour on mangera des ortolans dans ce donjon.
– Des ortolans, pourquoi pas du homard? Si les bourgeois te surprennent dans leur bâtisse, alors quelle dégelée! A côté, celles du « frère », ça te paraîtra du nanan.
Jean haussa les épaules, souffla sur les bougies et me ramena, à travers la cave, dans la plus totale obscurité, histoire de me faire les pieds.
Résultat, les jours suivants je le boudai. A l'école, lorsque je passais près de la poubelle à papier où il subissait son habituelle infortune, je lui faisais les cornes. Il me sifflait entre les dents : « Cornes du diable! Cornes au cul du " frère "! Si tu m'aides pas, tu casses ta pipe en terre! »
Bigre! Bougre! La curiosité aidant et cette disponibilité

qui rend l'enfance apte à toutes les dérives, je me laissais aller à le suivre. Chaque soir, nous nous glissions par le soupirail, avec nos cierges dérobés à l'église Notre-Dame devant l'autel de saint Antoine de Padoue qui s'arrangerait bien lui-même pour retrouver ses objets perdus, et nous nous installions dans la tour, devant le satané bouquin.

Jean m'émerveillait. Lui qui avait tant de mal à lire les récitations à l'école, retenait mot à mot les formules du livre diabolique. Rien que dans ce phénomène, le prodige se manifestait. Jean s'était fabriqué une baguette magique en suivant scrupuleusement les instructions du livre. Instrument facile à réaliser puisqu'il suffisait d'utiliser une branche de noisetier sauvage.

– Quand je voudrai, me dit Jean, je me rendrai invisible. On attrape un chat noir et on le fait bouillir dans un pot neuf.

Attraper un chat noir et le faire bouillir ne me semblait pas présenter une difficulté insurmontable, sauf de trouver le récipient approprié car les pots, dans nos maisons, si l'on en croyait leurs ébréchures, dataient au moins de Mathusalem. Cet obstacle me rassurait. Je n'avais aucune envie que Jean se rende invisible ou, qui sait, puisse s'employer à me jouer cette farce.

– Je n'ai pas encore retenu toutes les formules, me dit Jean, dépité. Je manque de mémoire. Toi qui apprends toujours tes leçons par cœur tu vas t'y mettre. A nous deux, nous réussirons bien à avaler le bouquin et alors à nous, à nous...

– A nous, quoi ?

– Tout. Tiens, j'en ai déjà relevé, des formules balaises. Écoute...

Il se mit à feuilleter le grimoire.

– Veux-tu assembler une multitude de lièvres ? Ou bien faire accomplir à un cheval plus de chemin en une heure qu'un autre n'en pourra faire en une journée ?

– Bah !

– Veux-tu empêcher un chien d'aboyer ?

– Ça, oui, ils m'enquiquinent avec leurs chiens, les voisins d'à côté.

– Rien de plus simple, tu lui donnes à manger la langue, le cœur et les yeux d'une belette. Veux-tu que je fasse danser une fille nue ?

– Chiche.

– Je l'ai déjà réussi, mais ça cause trop de bruit. On pourrait nous surprendre. Et puis, nous n'avons pas de temps à perdre à des balivernes. Ce qui compte c'est d'abord de supprimer « le frère ».

Dans cette perspective, suivant scrupuleusement les instructions du *Grand Albert,* Jean organisait dans le donjon des cérémonies occultes, tous cierges allumés autour du livre. Il se désolait de ne pas trouver l'Oraison des Salamandres et, à défaut, nous chantions le *Salve Regina.* Les cantiques appris à l'école et à l'église nous semblaient parfaitement convenir à l'ambiance magique que nous voulions susciter. Si Jean maniait avec une telle dextérité le *Grand Albert* c'est que la pratique assidue de nos missels l'avait habitué au surnaturel, avec leurs illustrations représentant des anges guidant des enfants ébaubis, des cœurs percés de flèches, des épines rougies par le martyre, des stigmates aux pieds et aux mains, des crucifiés, du vin changé en sang, du pain devenu chair.

Pendant des semaines, nous nous préparâmes à réciter la grande interpellation des esprits avec lesquels on désire établir un pacte. Je voyais bien que Jean, qui faisait le fier-à-bras, reculait le moment de prononcer cette ultime prière.

Le jour où « le frère » finit par lui décoller l'oreille, à force de tirer dessus, larmoyant, pouffant de rage, Jean me dit :

– Ce soir, on y va.

Nous y allâmes. Devant le grimoire ouvert, entouré de cierges neufs, nous nous mîmes à lire tous les deux ensemble (car nous n'arrivions pas à apprendre la formule, trop longue) :

– Empereur Lucifer, maître de tous les esprits rebelles, je te prie de m'être favorable dans l'appellation que je fais à ton grand ministre, Lucifer Rofocale, ayant envie de faire pacte avec lui; je te prie aussi, prince Belzébuth, de me protéger dans mon entreprise. Ô! Comte Astarot, sois-moi propice, et fais que dans cette nuit le grand Lucifer m'apparaisse sous une forme humaine, et sans aucune mauvaise odeur, et qu'il m'accorde, par les moyens du pacte que je vais lui présenter, toutes les richesses dont j'ai besoin. Ô grand Lucifer! Je te prie de quitter ta demeure, de quelle partie du monde qu'elle soit, pour venir me parler, sinon je t'y contraindrai par la force des puissantes paroles de la grande clavicule de Salomon, dont il se servait pour obliger les esprits rebelles à recevoir son pacte; ainsi, parais au plus tôt ou je te vais continuellement tourmenter par la force de ces puissantes paroles de la clavicule : Agion, tetagram, vaycheon stimulamaton y espures retra grammatan oryaram iriau esytian existian eryana anera brassim mayna messia sater Emanuel sabaot Adonay, te adora et invoca...

A notre grande déconvenue (et aussi, nous ne nous l'avouâmes pas, à notre grand soulagement), Lucifer n'apparut pas. Mais la suite de l'histoire me laisse à penser que ses manières de répondre aux prières sont plus subtiles, qu'il s'installa en chacun de nous deux, et que, comme une sorte de grippe, nous refilâmes ensuite le virus du diable à tout l'univers.

Il est de bon ton, aujourd'hui, de rigoler du diable. Certains croient en Dieu mais personne n'a osé écrire : « Le diable existe, je l'ai rencontré. » Personne, pas même moi qui, pourtant...

Le plus extraordinaire coup du diable, c'est justement d'avoir réussi à se faire oublier en s'insinuant partout. A la fois chef d'État, évêque, chef de famille, recteur d'université, juge et prévenu, leader politique, animateur culturel, industriel, commerçant, journaliste, professeur, ouvrier, patron, paysan, intellectuel, le diable mène l'orchestre en sourdine. Il s'est également réincarné dans bon nombre d'objets maléfiques : la télévision, le tiercé, le journal quotidien, l'instruction laïque et obligatoire, la tondeuse à gazon, les engrais chimiques, le moteur à explosion, les aérosols, et j'en passe. On aurait pourtant dû reconnaître d'emblée les tours de prestidigitation du démon dans le fait que ces inventions sataniques ont été considérées d'emblée comme des événements bénéfiques. Les choses étant ce qu'elles sont, le diable est aujourd'hui maître du monde et nous n'y pouvons rien.

Revenons à mon copain Jean. Son oreille décollée, la méchanceté de son tourmenteur dépassant les bornes, sa mère osa se plaindre, en fut blâmée et envoya finalement son fils à la laïque. Elle en perdit du coup le peu de clients de son épicerie. Nous, nous perdîmes « le frère » qui tomba subitement malade et mourut.

Je savais pourquoi et en tremblais de peur. Il me semblait, dans la nuit, entendre le froissement d'ailes de Lucifer.

Jean obtint une bourse, entra au lycée, fit des études de bourgeois pendant qu'à Nantes je gravissais mes échelons, de garçon de courses à manutentionnaire. J'avais dû mal réciter la formule du *Grand Albert.*

J'ai retrouvé Jean quarante ans après à Fontenay-le-Comte, propriétaire de la grande maison avec une tour, près de la rivière. Il m'a invité à dîner chez lui. Pas d'ortolans au menu, mais des homards qu'il avait apportés de l'île d'Yeu. Il me dit, avec un gentil sourire :

– Si tu veux, tu peux rester dormir dans la chambre que nous avons aménagée dans la tour.

J'ai cru bon de refuser, mais ce homard, je le sens encore parfois qui me cisaille l'estomac.

4

LE FRANCISCAIN DÉFROQUÉ

Si les hommes en noir m'ont laissé peu de bons souvenirs, j'ai plaisir à évoquer maintenant un homme roux. Roux par ses cheveux et sa barbe, par sa robe de bure sanglée d'une corde nouée autour des reins. Il s'agit d'un jeune moine que je voyais souvent remonter la rue de la République, vers la place Viète, une besace sur l'épaule, pieds nus dans des sandales de cuir, capucin mendiant et souriant. Il m'intriguait tant que je m'arrêtais pour l'observer et lui, qui aurait dû prendre un air ecclésiastique de circonstance, me faisait des grimaces.

Nous ne nous sommes jamais rien dit et pourtant j'ai bien l'impression qu'il m'a beaucoup parlé. Il me parle encore. Il ne m'a jamais quitté. Vous ne me direz pas que ce jeune moine ne pouvait être François Rabelais, que quatre siècles s'interposent, car ce que Rabelais a vécu à Fontenay-le-Comte et ce que j'y ai vécu concordent trop pour que cette coïncidence ne m'ait pas poussé à d'aussi agréables rêveries.

Je vois frère François (un bon frère, celui-là, un vrai frangin) arriver en 1508 à Fontenay-le-Comte. C'est encore un moinillon de quatorze ans. Il est parti depuis plusieurs jours du couvent franciscain de La Baumette, près de Chinon. Il a couché à la belle étoile. Il est couvert de poussière et tout humide de rosée.

A Fontenay-le-Comte, alors ville prospère et célèbre, se tiennent trois fois l'an des foires si fameuses que les marchands accourent de toutes les provinces de France et même d'Allemagne et d'Espagne.

Le moinillon qui vient terminer son noviciat chez les Cordeliers du couvent du Puy-Saint-Martin s'attarde à contempler les belles façades des maisons bourgeoises, hôtels particuliers à pilastres, à bandeaux sculptés et aux niches à coquilles. Ville féodale des comtes du Poitou, puis ville anglaise au temps des Plantagenêts, puis tour à tour ville du duc Jean de Berry et ville du duc de Bretagne, elle fut réunie à la couronne de France par Louis XI et érigée en commune. François Rabelais s'attarde dans la ville. Il se signe devant la grosse église Notre-Dame, regarde, amusé, les bois ouvragés des halles. Les rues fourmillent de monde et nul ne prête attention à ce cordelier imberbe dont la vêture diffère peu d'ailleurs de celle de nombre de manouvriers. Il lui faut jouer des coudes pour avancer dans cette foule dense qui encombre les rues, foule bruyante, agitée et qui très vite lui paraît hostile. Il avait pris goût à son vagabondage champêtre, mais maintenant, dans ce vacarme, dans cette cohue urbaine, la paix du couvent lui manque. Il se hâte, court vers le Pont-aux-Chèvres. Le couvent des Cordeliers s'étend jusque-là. Il frappe à la lourde porte de chêne. Un huis s'entrebâille. Il se nomme. La porte s'ouvre et se referme. François sera reclus dans cette enceinte pendant les seize années qui vont suivre.

Pourquoi ce Tourangeau, fils d'avocat-cabaretier, avait-il choisi d'être franciscain, parmi les plus pauvres des pauvres, les plus humbles des humbles, les plus ignorants des ignorants? Leur fondateur recommandait de ne lire que le bréviaire et la Bible. Et pourtant François aimait lire. Mais puisqu'il prononcera ses vœux d'obéissance et d'humilité, il se contraindra à n'ouvrir aucun livre. Ses deux autres vœux : chasteté et pauvreté, ne lui pèseront pas. Aucune tentation féminine pour les franciscains, si sales, si malodorants, que toute la gente femelle, même les souillons des auberges, s'enfuyait à leur approche. Quant à la pauvreté, elle parut toujours à François comme une manière de se délester le corps. Ne rien posséder est richesse. Pendant longtemps, il ne sortit du couvent que pour mendier dans les rues de Fontenay. A l'habituelle ceinture de cuir des moines, les franciscains avaient substitué une corde (d'où leur surnom de cordeliers) qui leur évitait la tentation d'y glisser de l'argent. Et comme, de toute manière, leur main ne devait toucher aucune pièce de monnaie, ils quêtaient seulement du pain, quelques légumes, des fruits. Ces quémandeurs, qui s'ajoutaient aux innombrables mendiants, n'étaient pas aimés. Souvent repoussé, injurié, bousculé, frère François allait son chemin, sa besace peu remplie sur le dos, pieds nus, riant aux anges.

Il reçut les ordres, devint frère mineur. Il n'ouvrait toujours pas de livre, à part son bréviaire et la Bible, mais il écoutait, il regardait, il observait et le monde, autour de lui, lui apparaissait comme un grand livre ouvert. Et il le lisait avec gloutonnerie.

Le couvent des Cordeliers se trouvait en face du champ de foire. Frère François s'y rendait souvent, sous prétexte d'y mendier. Il y récoltait en effet une foule d'images, de contes, de légendes, qu'il thésaurisait pour lui-même. La pauvreté de son ordre ne parlait pas de cette richesse-là, bien que la pauvreté en esprit fût aussi recommandée.

Sur le champ de foire, les gueux abondaient, et les filous et les gitans. Une foule de vagabonds et de travailleurs saisonniers campaient le long de la rivière. Frère François humait cet air de liberté qui lui était interdit. Il reconnaissait, dans la cohue, les moines en fuite et les soldats déserteurs, à leur allure bizarre et à la manière dont ils se faufilaient lorsque survenaient des archers.

Au milieu de la place, les astrologues, les herboristes, les apothicaires, les marchands de drogues miraculeuses, les arracheurs de dents, les bateleurs, les escamoteurs, dressaient leurs estrades. Des étudiants et des clercs se massaient devant les tréteaux où se jouaient des mystères, des moralités, des farces. Il y avait des baraques où l'on montrait des bêtes savantes, des nains, des monstres, des géants. Impossible à frère François de soulever les rideaux qui en masquaient l'entrée, puisqu'il ne possédait aucune pièce de monnaie; aussi imaginait-il ces nains encore plus petits, ces géants encore plus grands, ces monstres encore plus monstrueux, ces bêtes savantes à la ressemblance des gargouilles de l'église. Il y avait un argot particulier aux foires de Fontenay, mélange de poitevin et de romanichel, dont le jeune moine apprenait le vocabulaire avec gourmandise. Son seul péché de gourmandise, dont il oubliait, au confessionnal, de s'accuser.

Jusqu'à vingt-quatre ans, frère François ne transgressa aucune règle de son ordre. Sa première faute fut de s'attacher à un autre moine qui devint son ami. L'amitié est le plus précieux des biens. Qu'importe de ne jamais toucher un ducat si l'on touche la main de celui que l'on aime. En enfreignant son vœu de pauvreté, frère François écornait celui d'obéissance. Son ami (étrange pléonasme) s'appelait Pierre Amy. En lui ouvrant la bibliothèque du couvent que personne ne fréquentait, ce dernier fera du même coup sauter les liens du troisième des vœux monastiques : l'humilité. L'orgueil du savoir faillira bien, à tous les deux, leur coûter la vie.

On ne badinait pas dans les monastères avec ceux qui en prenaient à leur aise avec la discipline. On pardonnait la paillardise, la goinfrerie, la luxure même, mais jamais les fautes contre l'esprit. Un esprit libre était un moine possédé par le démon. Dans ce même couvent des Cordeliers, un prêcheur, Philippe Bertin, avait été brûlé comme hérétique. Pierre Amy, si savant, avait l'attrait du péché.

Frère François le rejoignait lorsqu'il le pouvait dans sa cellule. C'était un petit cabinet aux murailles nues, éclairé par une fenêtre cintrée, très étroite. Pierre Amy, assis devant un haut pupitre massif, lisait à longueur de journée. Sur deux tablettes, des livres étaient rangés et à portée de main.

– Le monde a la tête à l'envers, lui disait Pierre Amy. Le monde marche à l'envers. Il n'y a de vrai que les fous et les sots.

Il lui donna à méditer ces traités parodiques rédigés dans les couvents, œuvres comiques en latin, parmi lesquels l'*Éloge de la folie* d'Érasme. Il lui montra les enluminures grotesques avec leurs animaux imaginaires, leurs jongleurs aux postures impossibles, leurs diablotins malicieux. Il l'emmena à la fête des sots et à la messe de l'âne. Les messes satiriques battaient leur plein et les moines n'étaient pas les derniers à s'en réjouir. A la messe des sots, l'évêque projetait des excréments sur les fidèles à la place d'encens et avec le goupillon les arrosait d'urine. A la messe de l'âne, chacune des parties de l'office était ponctuée par un sonore Hi! Han! lancé par le prêtre. A l'occasion de Pâques, les prédicateurs prononçaient en chaire des plaisanteries énormes destinées à libérer l'esprit des rigueurs du carême.

En cette fin du Moyen Age, l'ordre ecclésiastique et chevaleresque volait en éclats. François Ier régnait. Encore un autre François, prince frivole, ami des lettres et des arts. Humaniste comme Érasme. Humaniste comme le sera François Rabelais.

Pierre Amy, au couvent des Cordeliers, c'était le ver dans le fruit. Il avait deux bêtes noires : les gens d'Église et les gens de Justice.

– Mais nous sommes gens d'Église, rétorquait frère François.

– L'Église n'est plus celle de notre poverello. Les évêques se font tisser des chasubles d'or. Les curés forniquent avec leurs servantes. Et les moines, nos moines, regarde-les, déguisés comme masques pour tromper le monde. Ils t'ont trompé toi-même. Ils ont voulu faire de toi un petit saint et ils t'envoyaient mendier pendant qu'ils se gobergeaient à tes dépens. Tous sarrabovites, cagots, hypocrites, cafards. Je t'apprendrai la philosophie qui guérit du fanatisme. Mais pour cela il te faut savoir le grec et l'hébreu.

Frère François ajouta donc à sa connaissance du français vulgaire, l'étude des vieilles langues des livres sacrés. Mais aussi des livres profanes, car il aima très vite Plutarque et Lucien de Samosate, traduisant dans sa cellule, en latin, le Second Livre d'Hérodote.

L'ignorance des cordeliers était telle qu'ils ne se méfiaient pas de l'érudition de Pierre Amy. Non seulement Pierre Amy correspondait avec Érasme, mais il connaissait les thèses de Luther et les lettrés fontenaisiens qui, tous, sentaient plus ou moins le soufre de l'hérésie, fréquentaient sa cellule. L'un de ses habitués, le médecin Raoul Colin, enseigna à François Rabelais la botanique et la médecine.

Bientôt, Pierre Amy put dire de son disciple :

– C'est le plus érudit des franciscains.

Le plus notoire des humanistes fontenaisiens est le magistrat André Tiraqueau que François Ier nommera conseiller au parlement de Paris. Sous les lauriers-tins de la maison de Tiraqueau, les deux cordeliers vont passer de délicieuses soirées.

Pour peu de temps car, au couvent du Puy-Saint-Martin les choses se gâtent. Pierre Amy n'évitera le bûcher qu'en prenant précipitamment la fuite. François Rabelais ne le reverra jamais.

Bouclé dans sa cellule, avec interdiction de lire le grec, frère François n'y échappera lui aussi que grâce à la protection de Tiraqueau qui le fera muter dans le couvent bénédictin de Maillezais.

Ah! Maillezais, Maillezais! L'Acropole de la Vendée présente encore ses vastes et hautes ruines au nord-ouest du « marais mouillé », celui où Tata vivait dans ses joncs, celui où Tata disparut dans ses conches. De très loin, l'abbaye, au-dessus de ce qui fut autrefois la mer, s'élève au milieu de la plaine. Les six clochers de sa cathédrale ont été abattus. Restent le narthex, deux tours carrées, des chapiteaux romans, les trois grandes fenêtres des travées orientales, un escalier à vis qui monte au sommet de la tour, deux bâtiments conventuels en équerre, le réfectoire, le dortoir, la cave à sel. Suffisamment de pierres pour que l'on puisse encore y déambuler en compagnie de frère François. Frère François que le seigneur-abbé Geoffroy d'Estissac reçoit à Maillezais avec la faveur due à un lettré, et qui deviendra son nouvel ami et son protecteur.

Dans la paix de Maillezais, François Rabelais imaginera Thélème. Soixante-dix ans plus tard, un autre écrivain s'installera à Maillezais, en tant que gouverneur de la place, alors huguenote, Agrippa d'Aubigné, qui y écrira *Les Tragiques.*

Agrippa d'Aubigné connaissait-il ce quatrain que Pierre

Amy, précurseur du protestantisme vendéen, composa en l'honneur de frère François :

Quem, Rabelaese, probas graio latioque polite
Eloquio, rerum qui monumenta tenes
Doctum quis neget esse? Probe mihi cognitus idem
Doctior hoc multo est, quod, Rabelaese, probas.

Les sept années que François Rabelais vivra dans le couvent bénédictin Saint-Pierre-de-Maillezais (1520-1527) seront parmi les plus heureuses de sa vie. Sorti du Moyen Age par la porte du couvent franciscain de Fontenay-le-Comte, il entre dans la Renaissance au côté de Geoffroy d'Estissac promu évêque-abbé plus en raison de sa naissance qu'en gratification de sa piété. Les ducs d'Estissac de la Rochefoucault descendent du seigneur de Lusignan qui épousa la fée Mélusine. Un Lusignan fut roi de Jérusalem en 1186 et un autre, Geoffroy la Grand'Dent, dévasta Maillezais, s'en repentit et, par pénitence, reconstruisit le couvent dans toute sa magnificence.

Il y a loin des cordeliers pouilleux et ignares de Fontenay-le-Comte aux bénédictins industrieux et lettrés de Maillezais. Les premiers, même dégénérés, se situaient néanmoins très près de leur fondateur, François d'Assise. Mais François Rabelais n'a connu qu'une église médiévale à l'agonie et dans ses vomissements. Un autre monde naît, qui se ressource avec cette littérature grecque et latine que Pierre Amy lui a appris à aimer. Pierre Amy qui, pour l'heure, vit à Bâle où il deviendra luthérien.

Les moines de Maillezais ne sont ni vagabonds ni mendiants. Ceux qui n'étudient pas travaillent de leurs mains. Dans le marais, ils édifient des canaux, des écheneaux, des biefs, des chaussées. Ils assainissent le sol spongieux et le transforment en terroir propre à la culture. Saumons et aloses remontent par leurs tranchées d'eau jusqu'à Maillezais et s'entassent sur la table du couvent. Loin de Rabelais, désormais, les rogatons rongés au réfectoire des cordeliers. On fait bonne chère chez les bénédictins.

Lorsque Geoffroy d'Estissac voyage, il est accompagné par toute une cour, dans laquelle frère François a une place de choix. A l'écart des marais à moustiques, l'évêque bénéficie d'une résidence d'été dans le bocage, à L'Hermenault. Il construit un château à Coulonges-sur-l'Autize, toujours dans les environs immédiats de Fontenay-le-Comte. Il viendra souvent avec Rabelais en inspecter le chantier, surveillant les motifs de la sculpture des superbes cheminées et du porche à pilastres, contrôlant les dessins des plafonds à caissons.

Avec ce seigneur poitevin, il parcourt à cheval tout le Haut et le Bas-Poitou. Et aussi l'Aunis et la Saintonge. Plus tard, dans son *Quart Livre* (chapitre LX), il évoquera La Rochelle avec sa tour de la Chaîne et celle de la Lanterne, et la baie voisine où abondent les coquillages et les poissons : « Pétoncles, moules et palourdes; oursins, crevettes et langoustes; seiches et casserons; meuilles, loubines et maigres; loches et congres; raies et pocheteaux, turbots et daurades; roussettes, chatouilles et porcilles. »

Il connaît bien la côte vendéenne : « Le terroir doux, uligineux, legier, humide sans froydure d'Olonne en Thalmondoys » *(Tiers Livre).* Il apprécie les châtaignes de La Caillère. A Niort, il assiste à un mystère de la Passion, assis dans une galerie, à la place d'honneur. La place d'honneur revient à l'évêque, mais puisqu'il l'accompagne, il se trouve aussi à l'honneur. Dans l'enclos, les spectateurs restent debout. Ils admirent « la volerie », cet ensemble de machines, de cordages, de poulies et de plateaux qui servent à hisser les anges. Le XVIe siècle est un siècle de machines. Machines à mains, mais machines tout de même. Dans le couvent de Maillezais, une machine à ressort indique les heures de la journée. Soudain, apparaissent les diables. Comme on ne croit plus guère aux diables, ceux-ci, comiques, amusent la foule. Mais, ce jour-là, que font-ils? Ils s'élancent hors de la scène, se précipitent dans les rangs des spectateurs qu'ils bousculent, enlèvent les plus jolies femmes qui croient d'abord à un jeu puis qui poussent des cris d'effroi lorsqu'elles se voient proprement dérobées. Les diables s'enfuient avec leurs proies. Les maris hurlent dans le parterre. D'autres se moquent. Geoffroy d'Estissac s'est bien amusé. Mais frère François lui rappelle opportunément son titre d'évêque. Il sera obligé de sévir, d'autant plus que les archers lui révèlent que, parmi les diables, se glissaient quelques moines. Des franciscains, bien sûr.

A Maillezais, frère François bénéficie de nombreux privilèges. Prédicateur très demandé par les paroisses en raison de son savoir et de son éloquence, il ne rapporte pas au couvent tous ses honoraires et achète de nombreux livres. En proie à une véritable boulimie encyclopédique, il a appris à Fontenay la médecine avec Colin, la jurisprudence avec Tiraqueau, la philosophie avec Pierre Amy. Il correspond avec les grands humanistes de son temps : Érasme, Guillaume Budé. La littérature grecque, dans sa langue originale, est encore bien mal connue. Paris ne compte qu'une dizaine d'hellénistes. François Rabelais correspond avec eux. Si le grec et le latin furent ses langues d'apprentissage, la langue du peuple le retient surtout maintenant, cette langue qui n'a d'autre littérature que celle des almanachs et des contes de bonnes femmes. Il va écouter les huttiers dans leurs cabanes du marais, les paysans chez le drapier de la rue des Loges, à Fontenay. Il se souvient de l'argot des foires, des chansons populaires, en dialecte; des « beaulx et joyeulx Noelz en langaige poictevin »;

de « L'Évangile des Ivrognes » et de toutes ces publications parodiques qu'affectionnaient les moines; du monde à l'envers dont lui parlait Pierre Amy; du rire carnavalesque; du bœuf gras promené solennellement dans les rues au son de la viole, la tête ornée de rubans multicolores, victime propitiatoire du carnaval. Il a découvert dans la besace d'un colporteur un petit livret imprimé en caractères gothiques : *Grandes et Inestimables Cronicques du grant et énorme géant Gargantua.* Il connaît, bien sûr, la légende de Gargantua, depuis longtemps populaire, Gargantua né de deux géants créés par l'enchanteur Merlin, Grandgousier et Gargamelle, que Mélusine (la bonne fée à l'origine de la fortune des Lusignan d'Estissac) transporte en pays de féerie. L'idée lui vient de raconter lui-même la suite, c'est-à-dire la vie du fils de Gargantua, Pantagruel.

Dans l'abbaye de Maillezais, il y a la tête sculptée de Goeffroy la Grand'Dent. Encore un géant, encore un ogre! Il se rappelle cette pierre creuse qu'à Fontenay-le-Comte les marchands emplissaient de vin pour les pauvres, une fois l'an et que l'on appelait « l'écuelle du géant ». Il revoit ces malheureux, affalés sur la pierre et lapant le vin comme des chiens. Il revoit, près du marché, les femmes qui lavaient les tripes des bestiaux éventrés, dans la rivière rougie de sang. Il revoit dans le public échauffé des foires, les vérolés, les goutteux, les culs-de-jatte, les borgnes, les aveugles, les manchots, toute cette humanité souffreteuse et hideuse dont le couvent de Maillezais l'avait préservé. Grâce à cette retraite sans doute, grâce à cet îlot de paix, et avant que ne disparaisse un monde de pouillerie, de préjugés, de fanatisme, de terreur, il lui prend l'envie fantastique, d'une ambition folle, de restituer cette mémoire par une immense bouffonnerie. Mythifier le langage de la foire, de la rue, des échoppes, des serfs, et en même temps démocratiser la langue, écrire en langue ordinaire, dans un esprit d'égalité entre les hommes. Lui qui se croit si détaché des cordeliers, en réalité le franciscain remonte soudain dans cet esprit insurrectionnel, le franciscain qui poussera jusqu'au ridicule l'esprit de l'aristocratie et l'esprit monacal. Le couvent est un colosse auquel il s'attaque d'abord. Se souvenant de la fuite de Pierre Amy, échappé de peu au bûcher, et de sa propre mise au cachot au Puy-Saint-Martin, il fait raconter à Panurge (chapitre XXIV de son *Second Livre*) son rôtissage chez les Turcs, après que ses compagnons s'échappèrent des griffes des Chats-Fourrés.

Il se servira du grotesque, du ridicule, du bouffon. Le XVe siècle, qui l'a vu naître, si énorme, si démesuré, éclata comme une panse trop pleine. Le XVe siècle était un monde de l'excès, d'une dévotion plus magique que religieuse, où le diable montrait partout le bout de sa grande cuillère, où les bûchers des sorcières alimentaient la flamme de l'hérésie. Féodalité, chevalerie, église, corporations, misère, fléaux, guerre se trouveront brassés chez Rabelais. Gargantua, héros paysan, issu de la mythologie celte, servira à abattre à coups de massue le dogmatisme médiéval. Si François Rabelais emploie si abondamment des jeux de mots, des coq-à-l'âne, c'est qu'il se souvient de ce monde à l'envers dont lui parlait Pierre Amy. Ce monde où la charrue est avant les bœufs, où la brebis tond le berger, où les dames altières sont reléguées à la place des servantes, où l'homme tire le carrosse, où l'épouse portant cuirasse fait filer son mari, où le fils bat son père, où les lièvres suivent les chiens à la trace, où les oiseaux font leurs nids dans l'eau et les poissons grimpent dans les arbres, où le chat s'éclipse devant la souris, où le meunier sert de jument à son âne, où le paysan est en selle et le roi à pied. « A tour de rôle, écrit le docte Érasme, le fou se moque du fou, et ils s'amusent l'un de l'autre. L'on voit même assez souvent que c'est le plus fou des deux qui rit le plus fort... La plus grande sagesse est de paraître fou... »

Oui, Gargantua et Pantagruel mettront le monde à l'envers. Mais l'envers vaut l'endroit. On ne joue plaisamment qu'avec ce qui est redoutable.

En 1527, à trente-trois ans, frère François quitte le couvent de Maillezais et son confort. Jusqu'en 1530, il vivra en moine vagabond, redevenu mendiant comme un franciscain, pour mieux s'intégrer sans doute à ce peuple des champs et des rues, à son parler, à ses mœurs. Peut-être aussi pour se laver de ses péchés d'orgueil, de sa vie trop luxueuse à Maillezais. Arrivé à Montpellier, il jette son froc et s'inscrit à la faculté de médecine. Trois ans plus trad, il publiera *Pantagruel.*

L'étrange, c'est que mon jeune moine roux qui me faisait des grimaces jeta aussi son froc et que je le retrouvai dans la bourrellerie du cousin Gaston, en train de parler gaiement à cousine Suzanne. Ma marraine était plutôt jolie et encore jeunette. Ma foi, cet ancien moine, la barbe taillée et les cheveux coupés en brosse, avait aussi belle allure. Sécularisé (« déshabillé », disait tante Victorine), « en civil », si l'on préfère, c'était lui, je le reconnaissais bien, ce rouquin, et ce n'était plus lui. Il montra d'abord quelque surprise de me voir embrasser cousine Suzanne. Puis, se ravisant, il joignit ses mains dans cette attitude pieuse des ecclésiastiques et des enfants de chœur et prononça, en levant les yeux au ciel :

– Fontanacum Felicium Ingeniorium Fons et Scaturigo.

– Ainsi soit-il, répondit ma marraine.

J'ai su depuis qu'avec cette phrase latine mon jeune moine roux me gratifiait en réalité d'une dernière pitrerie de connivence. Car il s'agissait tout bonnement de l'inscription gravée au fronton de la fontaine des Quatre-Tias, dont on nous dit qu'elle est due à la plume de François Rabelais.

5

TOUTES MES FÉES S'APPELLENT MÉLUSINE

Chaque été, ma mère et moi partions en vacances. Comme des riches. Il faut dire que je n'étais pas un citoyen ordinaire. Pupille de la nation, j'avais droit à certains égards. Notamment la possibilité d'un séjour gratuit dans une colonie de vacances. Ce que ma mère refusait avec indignation. Voulait-on lui enlever son enfant et pour en faire quoi, je vous le demande! Nous ne mangions pas de ce pain-là. Toutefois, en échange de cette proposition ma mère acceptait volontiers qu'on lui donne un petit secours pour qu'elle et moi puissions nous offrir des vacances à notre goût (ou plutôt au sien).

C'est ainsi que deux semaines, chaque année, nous allions prendre l'air en forêt de Mervent.

On ne peut soutenir que l'air fût très pollué à Fontenay-le-Comte. Mais en ces temps où la tuberculose était une hantise, la tuberculose qui nous avait enlevé « mon pauvre père », plus quelques nièces paysannes, plus le fils aîné de la tante Victorine, on ne savait où se mettre pour respirer un air sans microbes. La mer n'avait pas encore bonne réputation, la montagne paraissait trop lointaine. Restait la forêt avec ses arbres qui ressemblaient à des poumons, avec ses innombrables feuilles qui paraissaient comme autant de filtres.

Nous montions dans un autobus, sur le champ de foire, et en route pour l'aventure. Le village de Mervent, au cœur de la forêt, ne se situe qu'à une dizaine de kilomètres de Fontenay-le-Comte. Mais quelle équipée! Nous logions bien sûr chez l'habitant, une chambre pour nous deux et une sorte de cuisine tout à fait suffisante pour nos maigres menus.

Mervent est né d'un château fort dont il ne reste rien, sinon le village perché sur un éperon d'où l'on contemplait, avant que ne se crée un barrage dans la vallée, la boucle de la Mère, se faufilant entre bois et ravins pour rejoindre la rivière Vendée.

Chaque été, nous retrouvions à Mervent, venue de Niort, une autre mère, veuve comme la mienne d'un sous-off de la coloniale, et qui y amenait sa fille pour lui donner une bolée d'air pur. Plus âgée que moi de quatre années, lycéenne, cette dernière trimbalait avec elle des valises pleines de livres. Si ma grand-mère m'apprit à lire, cette jeune fille m'ouvrit les yeux sur le contenu des livres, sur la mémoire qu'ils transmettent, sur le rêve qu'ils déclenchent, sur l'esprit qu'ils animent. Je pus découvrir ainsi très tôt Victor Hugo, George Sand, Michelet, Chateaubriand et surtout Jean-Jacques Rousseau vers lequel se porta toute mon amitié. Mais les valises de la lycéenne contenaient aussi des manuels scolaires, sur lesquels je me jetai. Nous apprenions, à l'école des Frères à quatre-bras, l'histoire de l'Église, mais ignorions tout de la mythologie grecque et romaine. Grâce à cette jeune fille mon horizon s'élargit considérablement. La forêt de Mervent ne m'a peut-être pas fortifié les poumons, mais elle m'a musclé le cerveau. C'est en forêt de Mervent que j'ai acquis, grâce à mon amie, deux appétences qui ne me quitteront jamais : le goût de la lecture et le goût des promenades solitaires. Solitaires, ou en tout cas à deux, ce qui est une manière de partager deux solitudes. On ne lit pas impunément, à douze ans, les *Rêveries d'un promeneur solitaire.*

Les élans qui poussent deux êtres l'un vers l'autre semblent toujours étranges. Rien ne prédisposait cette jeune fille et ce petit garçon à une si grande connivence.

La lycéenne et sa mère logeaient, elles aussi, chez l'habitant. Nous nous retrouvions tôt le matin, devant le puits où nous descendions, par une perche basculante, le seau accroché à une chaîne de fer. Nous emplissions d'eau fraîche les brocs qui serviraient à la fois pour la toilette et la cuisine. La lycéenne n'était pas très grande, une tête de plus que moi, quand même. Je me souviens mal de son visage. Était-elle jolie ? Je revois vaguement une robe à fleurs, des jambes nues dans des sandalettes, des cheveux longs et blonds. C'était une jeune fille, quoi, une jeune fille de ce temps-là, sérieuse, studieuse, enjouée. Elle consacrait tous ses matins à l'étude, préparait son bachot; ce qui me paraissait le Pérou. Moi j'en étais aux devoirs menant au certificat d'études. Elle avait une sacrée avance! Je n'en éprouvais aucun complexe, n'ayant pas l'ambition de la rattraper. Elle avait la gentillesse de me dispenser quelques parcelles de son savoir. Que demander de plus!

Tous les après-midi, elle passait me chercher et nous partions jusqu'au soir en promenade dans les sentiers de la forêt. Nous marchions, silencieux, dans les allées de grands chênes, nous bifurquions dans les sentiers bordés de châtaigniers. La forêt devenait parfois escarpée. Il fallait grimper des rocs, parmi les fougères, les houx, les fragonnelles. Nous grimpions. Parfois la lycéenne redevenait petite fille et se mettait à courir, à se cacher, s'amusait à me perdre. Juste de quoi prendre un peu peur et se retrouver émus, frissonnants de plaisir.

Une seule fois, tous les étés, avec nos mères, nous faisions une grande expédition de toute la journée, vers Pierre-Brune, en pèlerinage à la grotte du bienheureux Grignion de Montfort. Nous montions une piste abrupte jusqu'à un éboulis de rochers. Dans une anfractuosité, des cierges éclairaient parcimonieusement l'autel élevé à l'ermite. Ce devoir accompli, nos mères nous laissaient libres. Il leur arrivait de prendre des airs sous-entendus et de murmurer : « On ne devrait peut-être pas les laisser s'en aller comme ça, seuls, dans la forêt ? » – « Est-ce bien raisonnable ? » s'inquiétait ma mère. La mère de la lycéenne, moins à cheval sur les convenances, répondait en souriant : « Bah ! Votre fils est un enfant. »

Au cœur de la forêt, la paix est incommensurable. On marche sous une voûte de chants d'oiseaux. Au frémissement des hauts feuillages, répondent le murmure des ruisseaux, le clapotis des sources. Parfois, on tombe en arrêt, alerté par un bruit insolite dans les fourrés. Un animal invisible prend la fuite. Cependant que, du haut d'un chêne, un écureuil qui ronge un gland vous examine d'un air narquois.

Un jour nous approchâmes d'un étang. Sur la rive mouillée, se voyaient très clairement dessinés les sabots d'un cerf. La lycéenne s'agenouilla, prit de l'eau dans le creux de ses mains, me demanda d'approcher et, à ma surprise, me la versa lentement sur la tête, si cérémonieusement que je ne protestai pas et ne cherchai pas à fuir. Elle regardait les gouttelettes qui coulaient sur mon visage, songeuse. Nous ne bougions ni l'un ni l'autre. Un long moment se passa ainsi, en silence. Nos visages se reflétaient dans le miroir de l'étang. D'un geste brusque, la lycéenne plongea une main dans l'eau et brouilla les images. Puis elle se tourna vers moi :

– Il y a très longtemps, mais c'était hier, ou bien

aujourd'hui, une jeune fille se trouvait comme moi au bord de cet étang. Elle s'appelait Mélusine. Passa un garçon qui poursuivait un sanglier. Il s'appelait le seigneur de Lusignan. Dans les contes, l'amour est toujours un charme. Dans la vie aussi, peut-être. Si bien que le seigneur de Lusignan voulut à tout prix épouser Mélusine. Elle n'y consentit qu'à la condition qu'il la laissât libre chaque semaine du vendredi soir au samedi matin. Il accepta. Mais l'amour, à ce que l'on en dit, n'aime pas les cachotteries. Que pouvait bien commettre Mélusine lors de cette nuit prohibée ? Le seigneur de Lusignan oublia sa promesse, épia la belle et ce qu'il découvrit lui fit pousser un cri d'horreur. Mélusine se baignait nue dans cet étang-là. Elle nageait et son corps se terminait en queue de poisson. Elle était poisson et femme. Sirène. Femme et reptile. Naïade et Harpie. Au cri de Lusignan, Mélusine plongea dans l'étang et disparut.

« Épouse de Lusignan, elle avait obéré la fortune de ce dernier. Il aurait dû se méfier de la vitesse à laquelle s'édifiaient ses châteaux, celui de Pouzauges, de Tiffauges, de Châteaumur, de Vouvant, de Mervent, poussés mystérieusement en une seule nuit. Mais la fortune semble naturelle à ceux qui sont nés coiffés. Parce qu'il avait osé épouser la reine des fées, souveraine des bois et des étangs, entre Loire et Gironde, parce qu'il avait trahi son serment, le seigneur de Lusignan fut d'abord puni en la personne de son fils Geoffroy, doté à la mâchoire d'un croc de sanglier. Geoffroy la Grand'Dent répandit à tel point la terreur dans le Bas-Poitou, mettant à sac les couvents et les églises, que le roi Louis IX, qui deviendra Saint Louis, assiégera les châteaux de Mervent et de Vouvant et forcera Geoffroy à contrition.

« Mais la malédiction demeura sur les châteaux construits par Mélusine qui, peu à peu, perdirent les pierres que la fée avait rassemblées en enlevant dolmens et menhirs et en les entassant à la diable. Dans le château de Tiffauges, un autre Geoffroy la Grand'Dent subira le sortilège, Gilles de Rais, ogre lui aussi et pourtant si beau jeune homme, à la barbe bleue.

– Et ce seigneur de Lusignan, demandai-je, il n'avait pas d'autres enfants ?

– Si. Tous n'ont pas été frappés par la malédiction. Elle avait puni le père et le fils aîné. La vengeance d'une fée est terrible, mais son amour demeure aussi indestructible que sa haine. Aussi a-t-elle protégé, de siècle en siècle, la famille de Lusignan. L'un d'eux fut roi de Jérusalem. Un autre écrivit un livre qui l'a rendu célèbre jusque de nos jours. Je te le prêterai. Il était duc sous Louis XIV. Les Lusignan sont encore ducs mais ils ont changé de nom, ils s'appellent La Rochefoucauld.

Nous restâmes longtemps silencieux. J'observais la lycéenne. Elle tirait ses cheveux blonds, de ses deux mains, les nouant sous son menton. Je m'écriai :

– Je te reconnais. C'est toi, Mélusine.

Elle me sourit, avec beaucoup de tendresse et ne répondit pas.

Le lendemain elle avait disparu. Sa mère et elle décanillées sans tambour ni trompette. A n'y rien comprendre. Ma mère était autant étonnée que moi. Nous interrogeâmes leur logeuse qui nous informa qu'elles avaient dû partir de bon matin, par le premier autobus.

Je n'ai jamais reçu de nouvelles de ma lycéenne. Mais pourquoi une lettre ! Les fées, c'est bien connu, apparaissent au moment où l'on s'y attend le moins et disparaissent de même. Elle a été ma première fée, celle qui m'a offert la clef des livres, la clef du savoir. D'autres sont venues plus tard. Mais toutes mes fées s'appellent Mélusine.

6

MONSIEUR GEORGES ET SON SI JOLI PETIT CHEVAL

Mélusine volatilisée, Tata disparu, Jean (le fils de l'épicière) au lycée, le capucin défroqué, que me restait-il de mon enfance, sinon quelques gros chagrins! Sinon des lambeaux d'enfance que j'essayais de reconstituer dans ma mémoire blessée, exilé à Nantes avec ma mère. Loin de moi les fées qui, pendant longtemps, m'oublièrent; loin de moi la bourrellerie et son âcre odeur de cuir; loin de moi la forêt de Mervent et ses sentiers d'ombre; loin de moi Maillezais; loin de moi la grande maison avec une tour près de la rivière, le *Grand Albert* et ses formules magiques, les jardins du grand-père et ma grand-mère souris trottineuse.

Plus encore que notre expatriation de l'autre côté de la Loire, la mise au travail conjointement à la guerre, à la défaite et à l'occupation allemande, tranchait au vif dans ma vie d'enfant. Ce n'était pas seulement mon monde personnel qui s'écroulait, mais tout un monde.

L'été 1940, emporté par le flot de réfugiés qui fuyaient vers le sud, je regagnai Fontenay-le-Comte. Dans la maison de la rue des Orfèvres, mes grands-parents vivotaient. Il ne me semblait pas que, jadis, ma mère et moi occupions beaucoup de place dans cette trop grande maison. Pourtant, sans nous, elle paraissait mourante. La vieillesse s'était abattue sur mes grands-parents. La vieillesse et la tristesse.

L'année suivante, et tous les étés qui se succédèrent, profitant de mes quinze jours de congé, j'enfourchais la vieille bicyclette de mon père et pédalais à travers la Vendée. Je retrouvais la maison de mes grands-parents, la bourrellerie du cousin Gaston, mais les uniformes vert-de-gris donnaient à ma petite ville quelque chose de rouillé. Tout comme moi, elle s'enfonçait dans son passé.

Mon passé, c'était d'abord le grand-père Sourisseau et justement celui-ci déclinait. On ne le voyait plus pousser sa brouette sur le Pont-Neuf. Il avait dû abandonner ses journées dans les jardins près de la rivière. Non seulement les jardins des bourgeois, mais son propre jardin. Ses jambes, comme il disait, ne le portaient plus.

J'étais tant habitué au cérémonial du dimanche où il enfilait difficilement une chemise blanche à petits plis et un costume noir (sa tenue de gala pour aller jouer à la manille au café du Cerf) que lorsque je le découvris pour la première fois immobile dans la cour, assis sur un banc, les deux mains posées sur ses genoux, attendant on ne sait quoi, je fus à la fois stupéfait et atterré. D'autant plus que grand-mère s'était chapeautée de sa coiffe blanche à dentelle pour se rendre à la messe. C'est ainsi que j'appris qu'il ne sortait plus de la maison.

Dur, pour un travailleur manuel, de ne pouvoir utiliser ses mains. Les mains du grand-père Sourisseau m'avaient toujours paru énormes. Maintenant, déformées par des rhumatismes, elles semblaient des battoirs, ces battoirs des laveuses qui, elles aussi, disparaissaient.

Longue, lente, engourdissante, une journée sans rien faire. Il y avait bien le journal le matin. Grand-père lisait le *Phare de la Loire* depuis le numéro en haut, à gauche, jusqu'au nom de l'imprimeur-gérant, en bas de la première page, après les petites annonces. Très déçu quand il n'y avait pas d'accident grave ni de crime passionnel, il s'intéressait surtout aux avis de décès. Là, au moins, il y était question de gens qu'il connaissait ou dont il avait entendu parler. Les exploits de l'armée allemande, les homélies du maréchal Pétain le laissaient indifférent. Ce n'était pas de son monde. L'après-midi, il plaçait sa chaise devant la cheminée où, en toute saison, bouillottait près du feu un pot en terre garni de mojettes et il restait jusqu'à la nuit à regarder les flammes, chiquant, ne se déplaçant de temps en temps que pour manger une bouchée dans l'arrière-cuisine.

S'il faisait trop chaud et que, quand même, la cheminée n'était pas allumée, il sortait sa chaise dans la rue et s'asseyait devant la porte. Les gens qui passaient le hélaient :

– Comment ça va, aujourd'hui, père Sourisseau ?

– Ça va, ça va, c'est mes maudites jambes qui vont pas.

Lorsque je revins à Fontenay, l'année suivante, une taie s'était formée sur ses yeux et il ne distinguait plus les objets qu'à travers un brouillard. Finie la lecture. Les passants s'arrêtaient pour le distraire un peu :

– Comment ça va, aujourd'hui, père Sourisseau ?

– Ça va, ça va... si c'étaient pas mes garces d'yeux qui m'empêchent de voir.

Il les maudissait, ses yeux. Il les rendait responsables de tout ce qui lui arrivait de fâcheux. Il marchait difficilement, se tenant aux meubles. Il traînait de plus en plus souvent sa chaise jusque sur le trottoir et s'y asseyait inlassablement pour entendre encore la vie passer.

Des farceurs lui disaient :

– Alors, père Sourisseau, on est au cinéma ?

Il grommelait :

– Néma ? Quoi ? C'est mes yeux qui m'empêchent de voir. Autrement, ça va !

Il n'était jamais allé au cinéma, ni au théâtre. Il n'avait jamais entendu d'autre musique que celle des clairons de la caserne. Il n'avait jamais rien lu d'autre que le journal local. Il ignorait qu'il y eût des philosophes et, pourtant, il pratiquait une sorte de philosophie simpliste. Ainsi, il ne comprenait pas que l'on puisse chercher midi à quatorze heures. Il disait aux mécontents :

– Cette heure vous plaît pas ? Vous n'avez qu'à la mettre à une autre.

Ou bien, quand il racontait ses virées avec le baron de la V..., du temps où il était cocher, et que l'on souriait en l'accusant d'exagération, il répondait, vexé :

– Peuh ! C'est pas difficile de rajouter un zéro. Un zéro, avant un deux ou après un deux, c'est toujours un zéro.

Grand-père était aimable par-devant et bougon par-derrière. Il tenait ça de son éducation parmi la valetaille. J'étais toujours gêné par son empressement à acquiescer à tout ce qu'on lui demandait, du temps de sa splendeur jardinière : une gousse d'ail par-ci, une branche de thym par-là, un bouquet de persil ailleurs. Il répondait à toutes ces sollicitations des voisins par trop de servilité. Et aussitôt qu'ils avaient les talons tournés, il les injuriait, se plaignait d'être dévalisé par des fainéants.

Été après été, vacances après vacances, la situation de mes grands-parents se détériorait de plus en plus. Ils en étaient venus à vendre leurs meubles, leur vaisselle, par petits lots, aux brocanteurs. Grand-père était maintenant pratiquement aveugle. Sa femme devait sortir la chaise devant la porte et le pousser pour l'asseoir. Il restait ainsi, prostré, un petit sarcloir dans les mains, grattant avec son outil à ses pieds, machinalement, au hasard.

Grand-mère, elle, toujours la même, alerte, mais plus voûtée, attirée invinciblement par cette terre qu'elle avait travaillée autrefois, ne se plaignait de rien. Moins joyeuse, elle se forçait à paraître heureuse.

La dernière fois que je vis grand-père, toujours assis sur sa chaise, au bord du trottoir de la rue des Orfèvres, il roulait du papier journal entre ses doigts et en faisait des boulettes qu'il mâchait et suçotait comme une chique.

– Mais tu manges du papier!

Il grommela :

– Papier... La bourgeoise me laisse crever de faim.

J'interrogeai grand-mère.

– C'est trop cher pour nous, le tabac, mon petit. J'ai eu peur qu'il s'empoisonne, d'abord, avec toutes ces bonnes femmes de Paris qui sont sur les catalogues.. Mais que veux-tu que je lui donne, autrement? Je ne peux même plus lui faire son quatre-heures! C'est pas avec nos deux cents grammes de pain par jour...

Grand-mère gagnait toujours quelques sous à plumer des volailles, à laver le linge, à repriser. Ça n'allait pas loin et, de toute manière, il y avait les restrictions, les tickets d'alimentation.

– Pauvre vieux, il ne sait pas ce qui se passe, me disait-elle. Il croit que tout est comme autrefois.

Grand-père geignait maintenant devant la porte, comme un chien de ferme qu'on attache. Les passants ne s'arrêtaient plus, ne plaisantaient plus, hâtant le pas, gênés par le spectacle de cette décrépitude.

Heureusement, restaient la bourrellerie, son animation, la bonne humeur de ma marraine, l'entrain de la tante Victorine, la gentillesse de cousin Gaston, la camaraderie des commis.

La guerre avait donné un coup de fouet à une profession qui ignorait qu'elle ne survivrait pas aux hostilités. Pour l'heure, c'est l'industrie automobile qui devenait caduque et la traction hippomobile battait son plein. Cousin Gaston avait dû engager un commis supplémentaire.

Non seulement les attelages des fermiers, des artisans, des commerçants, parcouraient Fontenay-le-Comte, mais des bourgeois s'étaient mis eux aussi (ou remis) à la charrette et au cheval.

Parmi ceux-ci, un homme resplendissant, qui n'était pas du pays et que tout le monde appelait avec une familiarité nuancée d'admiration et d'envie : Monsieur Georges.

Monsieur Georges, c'était le châtelain de Fontenay. Il habitait le beau château de Terre-Neuve, tout au bout de la rue du Puy-Saint-Martin où se trouvait le couvent des Cordeliers du temps de Rabelais. Le château de Terre-Neuve avait été construit à la fin du XVe siècle pour le poète Nicolas Rapin, l'un des auteurs de la *Satire Ménipée.* Nombre de ses éléments architecturaux provenaient du saccage d'un autre château, celui de Geoffroy d'Estissac à Coulonges-sur-l'Autize.

Sur sa terrasse, devant la façade du château, Monsieur Georges pouvait contempler tout Fontenay, comme s'il en était le seigneur.

Tous les jours, vers six heures du soir, il arrivait au galop dans son buggy à unique banquette traîné par un joli petit cheval. Il remontait la rue de la République, jusqu'à la gare, pour le plaisir et l'ostentation, faisait demi-tour, toujours au galop, et rappliquait devant la bourrellerie, où il s'arrêtait.

Il aimait venir causer avec cousine Suzanne (ma marraine). Décidément, après le capucin défroqué, cousine Suzanne attirait les beaux messieurs.

Ce n'est pas que Monsieur Georges fût beau. De

taille moyenne, trapu, il portait des lunettes d'écaille comme un notaire et se coiffait à la mode, les cheveux très tirés en arrière. Toutefois, les fringantes étoffes de ses costumes, ses chemises fantaisie, ses cravates de couleur, lui donnaient belle allure. Je dois dire que son élégante charrette et son double-poney si vif, comme un cheval de cirque, ne passaient pas inaperçus. Avouons-le, je l'enviais. Il me paraissait le prototype même de la distinction, de la désinvolture, de la richesse, du bonheur de vivre. Des gens comme lui, on n'en voyait qu'au cinéma.

Après sa station journalière dans la bourrellerie, laissant son cheval attaché à une boucle de fer sur la place des Marronniers, il empruntait le passage couvert qui reliait la rue de la bourrellerie à la rue de la République. Dans ce passage se trouvait l'entrée de l'hôtel de France flanquée de deux palmiers dans des tonneaux peints en vert. Monsieur Georges en poussait la porte et saluait les deux demoiselles qui tenaient l'hôtel.

Ces deux demoiselles, d'un certain âge il est vrai, étaient assez jolies, toujours vêtues avec coquetterie et je comprenais mal qu'on les surnommât « les deux vieilles filles » avec une nuance de moquerie. On disait que Monsieur Georges leur faisait la cour et il se pavanait bien en effet comme un paon, avec des ronds de jambe, des exclamations outrées, dans le salon de l'hôtel de France.

Je le suivais, je l'épiais, non par inclination au dénigrement, mais dans un émerveillement un peu imbécile. Les deux demoiselles de l'hôtel de France roucoulaient comme des colombes devant Monsieur Georges. Elles se poussaient dans l'embrasure de la porte lorsque leur visiteur s'en allait, le regardant traverser la rue de la République et s'engouffrer dans le café du Pont-Neuf.

Les rideaux du café étaient tirés. A travers leur

dentelle j'apercevais néanmoins Monsieur Georges et trois autres hommes qui jouaient aux cartes. Je reconnaissais l'un d'eux, le docteur Sauvaget, dont la petite auto verdâtre stationnait à l'angle du pont. Cousine Suzanne m'informa que les deux autres étaient le sous-préfet et un ancien commandant de gendarmerie. Toute la ville connaissait leurs habitudes. Leurs parties de bridge duraient jusqu'à l'heure du dîner.

Je ne pouvais quand même pas bader aussi longtemps devant le café du Pont-Neuf et revenais vers la bourrellerie. Sur la place des Marronniers, le cheval de Monsieur Georges, resté attelé, s'impatientait en grattant la terre nerveusement avec ses sabots. C'était vraiment un joli petit cheval, brun tirant sur le rouge, couleur feu pourrait-on dire, à la longue queue soyeuse, aussi bien peignée que sa crinière. Il m'observait en fronçant le nez. J'allais quémander un sucre à cousine Suzanne et le lui ramenait. Il l'attrapait lestement, d'un revers de langue et le mastiquait lentement tout en me fixant de ses gros yeux.

Le buggy était une voiture très légère, avec deux grandes roues peintes en jaune. Dans le salon de l'hôtel de France, on apercevait des gravures anglaises qui ressemblaient beaucoup à l'attelage de Monsieur Georges.

Tous les samedis, un grand marché forain emplissait une portion de la ville, de la place Viète à la rue des Orfèvres. J'aimais y baguenauder lorsque je me trouvais à Fontenay-le-Comte. Monsieur Georges aussi. Si bien que, si je le rencontrais, j'en profitais pour l'observer. Il s'attardait beaucoup devant les attelages de toutes sortes : ceux des gros chevaux qui avaient amené les paysans; ceux des ânes aux longs poils roux. Il restait parfois longtemps immobile, un doigt aux lèvres, l'air interrogatif. Il réfléchissait, mais à quoi? Les poules, les coqs, les pigeons, les canards, dans leurs cageots grillagés, caquetaient, couinaient. Des chevreaux, les pattes entravées, pleuraient comme des mômes. Le vacarme était si énorme que l'on n'entendait plus sonner les heures à l'église Notre-Dame que les étals du marché entouraient. Voix fortes des hommes, aiguës des femmes, marchandages des clients, cris des animaux, quel tintamarre ! Et ces couleurs des victuailles, des étoffes, des pelages et des plumes ! Et ces odeurs de crottin, de paille souillée, de fruits et de légumes avariés... Que venait faire un monsieur aussi élégant et aussi riche dans une telle cohue populaire ? Je dus retourner travailler à Nantes où le temps me manquait pour rêvasser sur les privilèges de ceux qui habitent des châteaux, circulent dans des buggies tirés par de jolis petits chevaux, jouent au bridge et flirtent avec les dames. Ce n'est qu'après la guerre, une fois que je parlais avec cousine Suzanne de la défunte bourrellerie, que l'image de Monsieur Georges me revint à la mémoire. Je lui demandai s'il habitait toujours au château de Terre-Neuve, s'il vivait encore de ses rentes.

– Non, il est maintenant en Amérique.

– En Amérique ! Pourquoi donc ?

– Je ne sais pas. Il écrit des livres.

– Des livres ! Quels livres ? C'est un écrivain ! Connu ?

– Il y a certaines gens à Fontenay qui en ont lu. Ils disent que c'est des romans policiers. On l'a toujours appelé Monsieur Georges, mais son nom de famille c'est Simenon.

– Georges Simenon ! Comment, c'était Georges Simenon ! Georges Simenon habitant le château de Terre-Neuve, à Fontenay, tu dois confondre.

– Pour ce que j'en dis...

Elle resta un moment songeuse. Puis, avec vivacité :

– Il nous faisait bien rire, monsieur Georges.

Je n'avais rien lu de Simenon. J'achetai, au hasard, *Le Voyageur de la Toussaint.* L'action de ce roman se passe à La Rochelle où débarque d'un bateau un voyageur clandestin. Mais, à la fin du livre, le personnage arrive dans la nuit à Fontenay-le-Comte. « Cette grande artère toute droite, aux lampes plus fortes que les autres », je la reconnaissais bien, c'est la rue de la République. Le voyageur franchissait le Pont-Neuf, montait jusqu'à la place Viète et passait « au pied de la cathédrale livide ». Un paragraphe me fit battre le cœur plus vite : « Bien que les rideaux du café fussent tirés, Gilles savait que dans la lumière sirupeuse de la salle aux boiseries sombres, le docteur était assis dans le coin droit, avec trois autres hommes devant un tapis cramoisi sur lequel ils jetaient gravement les cartes. Tous les jours, à la même heure... »

L'exacte description de ce que j'avais vu au café du Pont-Neuf au temps où Monsieur Georges...

Comment le Belge Georges Simenon avait-il pu mener cette vie bourgeoise fontenaisienne au temps de l'occupation allemande?

Je l'ai su beaucoup plus tard, en lisant ses *Mémoires intimes.*

En 1940, trois cent mille Belges s'étaient repliés dans les deux départements des Charentes. Parmi eux, Simenon, nommé par son gouvernement haut-commissaire aux réfugiés belges. Après l'armistice, il décida, avec sa femme et son fils Marc, de s'installer en forêt de Mervent où il serait tranquille pour travailler. « Cette forêt, écrit-il, m'avait enchanté. » Enchanté, bien sûr, qui Mélusine n'enchantait-elle pas?

Taillant une canne pour Marc dans une branche, il reçut un choc qui l'amena à se rendre à Fontenay-le-Comte consulter un médecin. Celui-ci diagnostiqua que son patient avait un cœur de vieillard. A la condition de ne plus fumer, de ne plus travailler et de ne plus faire l'amour, il pourrait néanmoins espérer vivre encore pendant deux ans. Georges Simenon avait alors trente-huit ans.

Impossible pour un cardiaque aussi atteint de continuer à habiter en forêt. Il s'installa donc à Fontenay-le-Comte, dans une maison avec jardin, au bord de la Vendée. Puisqu'on lui interdisait de travailler, il en conclut qu'il n'écrirait plus de romans, mais des souvenirs ce n'est pas du travail... Il acheta donc une rame de papier et s'employa à raconter pour son fils l'histoire de sa famille.

C'est alors qu'il apprit que le propriétaire du château de Terre-Neuve voulait louer la moitié de sa demeure. Simenon avait assez trimé toute sa vie pour avoir envie de mourir châtelain en rédigeant ses Mémoires qu'il intitulera : *Pedigree*.

Voilà comment se font les réputations! Cet homme qui me paraissait un rentier fortuné était un forçat de la plume. Cet homme qui affectait de n'avoir rien à faire et se pavanait tous les soirs dans son buggy, avait créé des milliers de personnages, dont ce fameux commissaire Maigret plus vrai que nature.

Simenon croira vivre les deux dernières années de sa vie à Fontenay-le-Comte, « une vie calme et douillette, écrit-il, dans cette sous-préfecture calme et douillette aussi, au charme discret ». Il se promenait dans l'immense parc du château, près des pièces d'eau, ramassait des escargots, accourait au champ de foire lors des assemblées où des centaines de chevaux, de bœufs, de vaches, de taureaux, d'ânes, étaient attachés aux barres de fer qui entouraient le terrain. Sans doute est-ce là qu'il acheta son si joli cheval couleur feu.

Les deux ans écoulés, comme il n'était pas mort, il recommença à pondre ses romans habituels. En réalité, il n'en avait rien dit au médecin, mais pendant les deux ans où il habita le château de Terre-Neuve, il avait quand même composé quatre romans : *Le Voyageur de la Toussaint, Signé Picpus, Félicie est là, La Fenêtre des Rouet.*

Comme il n'était pas mort, il fit du vélo, de la marche à pied (onze kilomètres aller et retour de Fontenay à Vouvant), abondamment l'amour, fuma de nouveau la pipe. Comme il n'était pas mort, Fontenay lui parut trop humide en raison de la proximité du marais, à la fois pour la santé de sa famille et pour la sienne. Et puis, peut-être, en avait-il assez de jouer au châtelain.

Dans le bocage, près de Pouzauges, à Saint-Mesmin-le-Vieux, il loua la villa d'un entrepreneur de transports et, tout en pratiquant la pêche aux écrevisses, produisit allègrement six romans : un Maigret *(L'Inspecteur Cadavre)*, deux polars, *(Le Bilan Maletras, La Fuite de M. Monde)*, trois « littéraires » *(L'Aîné des Ferchaux, Les Noces de Poitiers, Le Cercle des Mahé)*.

Les Simenon séjourneront à Saint-Mesmin jusqu'en 1945. Puisque son cœur tenait bon (il tiendra encore plus de quarante ans), le romancier s'établira ensuite aux États-Unis. En mars 1953, à Lakeville, dans le Connecticut, lorsqu'il écrira l'un de ses cinquante Maigret, *Maigret a peur,* il se souviendra de Fontenay-le-Comte, où il était venu pour mourir, et où il vécut deux années heureuses. On y voit Maigret descendre à l'hôtel de France (« La porte de l'hôtel de France était flanquée de deux palmiers dans des tonneaux peints en vert ») et mener son enquête dans tous ces lieux qui me sont (qui étaient aussi pour Monsieur Georges) si familiers. Et Simenon, dans sa vie américaine, écrit :

« Maigret avait l'impression, depuis son arrivée à Fontenay, d'avoir compris des choses auxquelles il n'avait jamais pensé et il se créait, d'une petite ville, une image différente de celle qu'il s'était faite jusque-là. »

7

LE RETOUR À LA MAISON

Le 28 avril 1980, trois mois après la publication de la première version de *L'Accent de ma mère,* je recevais de Fontenay-le-Comte cette lettre :

« Nous sommes heureux, mon mari et moi, de vous faire savoir que votre ancienne maison, 8, rue des Orfèvres, nous appartient. Nous avons retrouvé sur l'acte d'achat de cet immeuble le nom de votre grand-père, M. Sourisseau. Si cela peut vous être agréable, et au cas où vous en auriez le loisir, toute facilité vous est donnée de venir revoir, quarante ans après, l'intérieur d'une maison où il reste encore un peu de vous. Oh! pas grand-chose, sans doute... La chambre noire de votre grand-mère, la cuisine et la pièce commune de vos parents; les fenêtres et les balcons qui vous ont frappé, l'escalier et la rampe jusqu'au grenier, vous rappelleront peut-être quelques souvenirs entassés dans votre grande mémoire. »

Merveille des relations épistolaires entre lecteur et

auteur! Merveille de la littérature qui transforme le père Sourisseau en monsieur et notre pitoyable maison en immeuble!

Est-ce seulement une question de petitesse de taille qui fait que les enfants voient les espaces si grands? Tout avait rapetissé à Fontenay-le-Comte, en mon absence. Tout. Même la ville. La commerçante rue des Loges, grande rue de Fontenay au temps de Rabelais, était devenue une voie piétonne plutôt courte. Et même la longue saignée droite, qui partage la ville en deux, de la gare à la place Viète, où galopait le si joli cheval de Monsieur Georges, n'est qu'une brève promenade. Quant à la maison de mes grands-parents, elle paraissait encore plus écrasée entre les deux immeubles voisins. Ainsi cette cour minuscule, ces appentis croulants, représentaient le domaine du père Sourisseau. Ainsi, cet escalier qui conduisait au logement que je partageais avec ma mère, et qui m'épouvantait car il montait vers le grenier où nous ne pénétrions jamais, c'était seulement ces quelques marches. Je remerciai sincèrement de cette visite les nouveaux propriétaires, mais j'aurais mieux fait de rester avec mes souvenirs.

Et la ville, ma chère petite ville où, de mes lieux d'attache, il ne subsistait rien. Grand-père était mort pendant la guerre, grand-mère un peu après. Morts aussi, la tante Victorine et son mari. Quant à la bourrellerie, plus de trace. A la disparition des chevaux répondait la disparition du bourrelier.

A première vue, Fontenay-le-Comte avait un air immuable. Toutefois, la raréfaction des passants dans les rues, le silence, lui donnaient un air étrange de ville morte. Il me fallut un moment pour m'apercevoir que ce qui changeait totalement l'aspect de la cité était la disparition du cheval. Pas seulement le joli petit cheval de Monsieur Georges, mais tous les chevaux. Chevaux de l'aube, chevaux des laitiers dont le tintamarre de ferraille servait de réveille-matin; chevaux des bûcherons attelés en quadrille, traînant péniblement les longs troncs d'arbre attachés par des chaînes au triqueballe; chevaux de tous les tombereaux de brique, de sable, de matériaux lourds, fouettés et injuriés; chevaux de tous les charrois ingrats, difficultueux; chevaux glissant de tous leurs fers sur l'asphalte; chevaux tombés, si souvent tombés dans les rues et relevés à coups de pied; chevaux si effrayés par les rutilantes machines nickelées qui allaient vous succéder que vous commettiez des écarts lorsque vous en aperceviez une, que vous vous cabriez parfois, ce qui ajoutait à la colère de vos maîtres.

Les hennissements des chevaux, les braiments des ânes (ah! les grands ânes du Poitou, velus comme des ours!), avaient été remplacés par les ronronnements des moteurs, les stridences des Klaxon. Comme par un coup de baguette magique de Mélusine les chevaux de mon enfance s'étaient transformés en automobiles. Ainsi se perpétuait quand même la tradition des fées où, d'un tour de main, une citrouille se transmue en carrosse.

L'agonie du cheval amena par contrecoup la décadence de la bourrellerie. Si bien que ce ne fut pas Bata qui tua « le cuir français », comme le prophétisaient les journaux d'avant-guerre, mais Citroën et Renault.

Cousin Gaston (qui avait rasé sa moustache, trop ressemblante à celle de Hitler) tenta de faire face en bichonnant d'élégants colliers de chiens, constellés de rivets; si élégants qu'ils eussent donné à n'importe qui l'idée de s'offrir un chien, ne serait-ce que pour traîner un aussi seyant collier au bout d'une laisse. Il confectionna des coussins, des sacs de voyage, des ceintures, des gibecières, des sacs à dos, des sacoches de bicyclette, des ballons de football et de rugby. Tout ce qui pouvait être confectionné en cuir, il le confectionna. Jusqu'au jour où ces articles, industrialisés, apparurent dans de nouveaux magasins d'articles de sport. Cousin Gaston ne s'avoua pas battu et s'institua garnisseur de sièges pour autos, habilleur de fauteuils, cardeur de matelas. Il lutta comme la chèvre de monsieur Seguin, ne céda qu'étranglé par la concurrence, ferma boutique et préféra s'expatrier à La Rochelle où il ouvrit un bistrot. Au moins là, jusqu'à sa mort, il eut toujours des clients.

Donc, plus de bourrellerie et, à la place, des bureaux de la Sécurité sociale. La disparition du cheval entraînait aussi l'extinction du charretier, du cocher, de l'équarisseur et... du crottin.

Le crottin, quelle manne! Ce que ma ville avait aussi perdu c'était le rite, on pourrait même dire le cérémonial du crottin. Les chevaux étaient guettés à la fois du haut des toits et derrière les persiennes mi-closes. Lorsqu'un cheval déféquait dans la rue, les moineaux s'abattaient d'abord en piaillant, puis une petite vieille sortait d'une maison, une pelle à la main et un panier de l'autre, se précipitait vers le crottin fumant et le cueillait délicatement avec son ramasse-bourrier. D'autres petites vieilles apparaissaient très vite à la porte d'autres maisons, leurs instruments prêts, mais c'était trop tard. La première arrivée emportait le butin destiné à revitaliser les fleurs en pots.

Autour de la bourrellerie, on le sait, les chevaux abondaient. Le crottin aussi. Ce qui suscitait bien des convoitises. Mais tante Victorine, qui veillait à tout, estimait que le crottin des chevaux de la clientèle de son gendre lui revenait de droit. Comme elle ne pouvait observer le derrière des chevaux toute la journée, chacun était chargé à tour de rôle de surveiller les attelages. On voyait régulièrement les apprentis bondir de l'atelier, pelle en main, et revenir triomphants après avoir collecté l'odorant crottin. J'appris moi-même très vite à guetter les matières fécales des chevaux et acquis dans cette pratique une certaine dextérité me valant la considération de la tante Victorine. Le sang commençait à parler.

J'ai déjà évoqué cette civilisation de la cueillette, elle aussi disparue (ou presque) et à laquelle appartenait le ramassage du crottin, fumier gratuit et sans cesse renouvelé. Que l'on n'oublie pas non plus le ramassage des crottes de chien, surtout pratiqué par les Petites Sœurs des pauvres qui transformaient ce déchet organique, également gratuit, en un médicament pour leurs malades, riche en calcium.

Disparues aussi les fêtes religieuses (et presque toutes nos fêtes collectives étaient liées à l'Église). Elles ponctuaient les saisons, les changements de temps, servaient aussi bien de points de repère pour les travaux des champs que d'indices météorologiques. Chacun savait qu'à la Saint-Vincent le vin monte au sarment, qu'à la Chandeleur l'hiver passe ou prend rigueur, que pluie de février vaut du fumier, qu'en avril s'il tonne la nouvelle est bonne.

Pâques, c'était à la fois la résurrection du Christ et la résurrection de la nature. Le Seigneur sortait de son tombeau et le soleil de ses nuages. Pendant que mars nous accablait de giboulées, tante Victorine, imperturbable, répétait : « Après la pluie, après la tempête, se lèvera radieux le soleil de Pâques. »

Mai, consacré mois de Marie, se devait d'être le plus beau des mois. Il n'y manquait pas. On enlevait ses tricots puisque, si en avril il est recommandé de ne pas se découvrir d'un fil, par contre, en mai, on peut faire ce qui nous plaît. Les jardins, les prairies, les balcons, pour ne pas contrarier le dicton, se coloraient de fleurs odorantes.

La nature était alors si douce, si dispensatrice de bienfaits, si gracieuse, si jolie, que l'on se préparait à en rendre grâces à Dieu. Si bien qu'en juin s'organisait une cérémonie grandiose : la Fête-Dieu.

Pendant une semaine, Fontenay se transformait. Les riches ornaient leurs maisons de tentures et les pauvres (c'est-à-dire les quatre cinquièmes de la population) accrochaient sur les façades des immeubles des draps très blancs soigneusement repassés, sur lesquels on piquait des roses. Nous, les enfants des écoles, nous consacrions plusieurs jours à en effeuiller, accumulant les pétales dans de grandes corbeilles d'osier. De place en place, les adultes dressaient des estrades fleuries où les petites filles vêtues de robes blanches se métamorphosaient en anges aux mains jointes. Ces reposoirs servaient de stations pour la procession qui partait de l'église et parcourait toute la cité.

La fanfare paroissiale ouvrait la marche, avec ses clairons et ses tambours. Puis venaient les garçons de l'école des Frères, les filles de l'école de la Foi, les enfants de Marie, les enfants de chœur aussi rouges dans leurs robes rouges que les roses effeuillées. D'autres gamins portaient les grands paniers remplis de pétales lancés à pleines poignées dans les rues, comme des confettis. Ils jonchaient le sol qui, sous le passage du cortège, se transformait en tapis rouge. Derrière les enfants de chœur, les vicaires entouraient le curé vêtu d'or qui brandissait un ostensoir devant lequel les spectateurs, sur les trottoirs, s'agenouillaient. Les cantiques, repris de groupe en groupe, établissaient une chaîne musicale impressionnante, où les voix en bourdon des hommes ponctuaient en surimpression les voix séraphiques des garçons, les voix aiguës et un peu piailleuses des filles, les voix tremblotées et roucoulantes des enfants de Marie.

A chaque reposoir, la procession s'arrêtait. Le vieux curé, à demi étouffé sous sa chasuble et tous ces ornements sacerdotaux qui lui donnaient l'allure d'un gros scarabée, plantait l'ostensoir sur l'autel, d'un air d'autant plus triomphant qu'il pouvait alors souffler pendant un quart d'heure. Un enfant de chœur lui tendait un mouchoir qu'il posait sur son visage pour en éponger la sueur. Je m'attendais toujours à ce que, sur ce mouchoir, le visage du curé restât imprimé, comme celui de Jésus sur le linge de Véronique. Mais sans doute notre curé ne s'était-il pas fait remarquer par Dieu pour sa sainteté car rien de semblable ne se produisait. Le curé reprenait l'ostensoir en soupirant. Les enfants de chœur agitaient les encensoirs. Les chants s'élevaient et l'on repartait vers un autre reposoir.

A l'Ascension, on savait qu'il était temps de tuer le mouton; à la Saint-Médard on surveillait le ciel puisque, s'il pleut à la Saint-Médard, il pleut quarante jours plus tard. Quand arrivait la Sainte-Madeleine, les noix étaient pleines. Quand arrivait la Saint-Michel de grandes foires se tenaient sur le champ de Mars et les domestiques cherchaient à s'y gager pour un an.

Puis la nature commençait à mourir. A l'approche de l'hiver, une tristesse générale s'abattait sur les gens. La chute des feuilles leur rappelait leurs morts. A la Toussaint, chacun se rendait au cimetière, fleurissant de chrysanthèmes les tombes familiales. Pour ma grand-mère, ma mère et moi, qui allions chaque dimanche sur la tombe de mon père, la Toussaint n'apportait guère de changement. Sinon que grand-mère se munissait d'une petite bêche pour nettoyer le tertre et que, par la même occasion, elle recherchait d'autres sépultures familiales à désherber (grands-oncles, vieux cousins, etc.), toute l'année abandonnées. Les cyprès, eux, ne perdaient pas leurs feuilles. Je n'aimais pas ces arbres qui suçaient le sang des morts et, par là même, s'appropriaient l'éternité. Je n'aimais pas la Toussaint.

Heureusement, au cœur de l'hiver, Noël apportait la promesse du printemps. Le petit Jésus naissait dans une étable qui ressemblait beaucoup à celle de mes cousins. Chez lui aussi les animaux de la ferme fournissaient le chauffage central.

La messe de minuit, c'était presque aussi beau que

la Fête-Dieu. On se rendait à l'église par des rues sombres et froides et l'on pénétrait dans un lieu si étincelant de lumière que l'on en était aveuglé. L'orgue vous assourdissait. Clignant des yeux, les tympans en compote, l'estomac vide (on jeûnait pour communier à la messe de minuit) nous attendions le moment solennel où un homme (dont pendant quinze jours au moins on allait parler de la « belle voix » dans toutes les maisonnées) s'avancerait sur une estrade et entonnerait le *Minuit chrétien*, grand air de notre seul opéra annuel. Chaque famille discuterait ensuite du mérite du chanteur de cette année et le comparerait à ceux des Noëls passés. On soupesait les qualités différentes des voix. « Quel registre! » s'exclamait ma mère.

Il n'y avait pas de réveillon chez nous. Mais le 25 décembre, à midi, tante Victorine et sa famille venaient solennellement déjeuner. Ce repas, qui s'officiait évidemment dans la cuisine de grand-mère, se déroulait dans une certaine gêne. Tante Victorine était trop aimable, son mari trop muet. Suzanne, ma marraine, m'apportait des cadeaux (toujours des soldats de plomb en souvenir de mon sous-off de père). Le père Sourisseau, endimanché, ne ressemblait plus à Vercingétorix, mais à Clemenceau, ce qui, d'ailleurs, cadrait mieux avec la couleur locale. Ce repas de Noël, cérémonie obligatoire, pesait à tout le monde. On parlait trop fort. On riait un peu, le vin aidant, mais sans conviction. Entre les deux familles se tenait l'ombre de mon père. Celui-ci, immanquablement, occupait la place principale dans la conversation. On s'adressait à moi comme si j'en étais la réincarnation : « Ah! ton pauvre père le disait bien! » « Du canard rôti, mon Dieu! Ton défunt père qui l'aimait tant! » « Ne mange pas avec tes mains, voyons, si ton pauvre père te voyait! » A tant parler du mort, on finissait par avoir l'appétit coupé. Tante Victorine et sa famille s'éclipsaient très vite, dès le café bu. Grand-père partait jouer aux cartes au café du Cerf. Moi, j'ajoutais les nouveaux soldats de plomb à une armée déjà importante. Quant à ma grand-mère et à ma mère, elles se lamentaient devant l'amoncellement de la vaisselle sale. Car lorsque venaient tante Victorine et la famille de mon père, on sortait toutes les assiettes, tous les couverts, qui ne servaient jamais autrement, vieux cadeaux de mariage conservés jalousement dans les buffets et les armoires. Et on lésinait d'autant moins sur la vaisselle que, toute l'année, on mangeait dans les mêmes assiettes ébréchées et fendues.

Des fêtes laïques, une seule avait de l'importance, Fontenay étant ville de garnison : le 14 Juillet. L'orchestre militaire donnait un concert dans le kiosque à musique de la place Viète : *Ouverture pour harmonie* de Mendelssohn-Bartholdy, *La Fille du régiment* de Donizetti, *L'Africaine* de Meyerbeer. Celui qui avait entonné le *Minuit chrétien*, le Noël précédent, chantait *La Madelon.*

Mais tout cela prenait un air trop solennel. Les hommes, coiffés de leur canotier ou de leur panama, écoutaient debout et l'ennui se lisait sur leur visage. Les femmes, qui arboraient leurs plus beaux chapeaux, leurs voilettes, leurs ombrelles, faisaient meilleure contenance et applaudissaient énergiquement de leurs mains gantées de filoselle. Néanmoins, le 14 Juillet ne suscitait pas la ferveur des fêtes religieuses. On se partageait encore, en Vendée, entre « blancs » et « bleus ». Les « bleus », peu nombreux, ne se recrutaient guère que parmi les fonctionnaires, plus quelques hurluberlus que l'on se montrait du doigt. N'étaient pas rares les villages d'alentour où l'instituteur de la laïque ne décrochait d'autres élèves que ses propres enfants, ceux du facteur, du gendarme et du cantonnier. Les « bleus », vainqueurs, occupaient le pays. Mais les « blancs » demeuraient sur le qui-vive et ne collaboraient pas.

Le soir du 14 Juillet s'organisait néanmoins une cérémonie fascinante et terrifiante : la retraite aux flambeaux. Le régiment, musique en tête, défilait dans les rues en portant des torches. De temps en temps, des feux de Bengale illuminaient les rues de leurs lueurs mauves. Ces flambeaux, ces trompettes, ces tambours, ces pas cadencés, ces casques, ces fusils que l'on voyait dans la nuit, du haut des fenêtres, paraissaient une image même de l'enfer; l'antidote de la Fête-Dieu; la meute, la chasse maudite qui déferlait une fois l'an; l'hommage annuel rendu par les « bleus » à Lucifer.

Il n'y a plus de soldats dans les rues de Fontenay. Eux aussi sont partis, d'autant plus partis que Fontenay était ville de garnison de troupes coloniales (Sénégalais, Tunisiens, Malgaches). Mes deux vocations se sont évaporées en même temps que leurs objets devenaient caducs. Ma mère voulait que je sois militaire, moi j'aspirais à être bourrelier.

Elle se fâchait :

– Non, tu ne seras pas bourrelier. C'est ta tante Victorine qui t'a mis cette idée en tête. Tout ça pour t'enlever à ta mère!

Je m'obstinais, passant le plus clair de mon temps dans la bourrellerie de cousin Gaston où j'ai sans aucun doute vécu les moments les plus heureux de mon enfance.

Ma mère prenait le ciel à témoin :

– Mon Dieu, que c'est sale, cette bourrellerie! Et ces hommes qui cousent comme des femmes. Tu n'auras pas fini de te faire moquer de toi par les demoiselles. En attendant d'être militaire, pourquoi n'entrerais-tu pas dans les postes ou les chemins de fer? C'est à l'abri des intempéries et, dans l'un ou l'autre cas, tu aurais une retraite, comme ton pauvre père.

A cette époque, un garçon de quatorze ans ne s'enthousiasmait guère à l'idée de recevoir une retraite lorsqu'il en aurait soixante-cinq. Toutefois, ma mère interrogea le chef de gare et le receveur des PTT qui protestèrent, choqués par tant d'outrecuidance. Quel culot d'imaginer accéder à leur profession avec un simple certificat d'études, même complété d'un certificat d'études supérieures décerné par les écoles religieuses. C'est le brevet qu'il fallait, le brevet! On peut le déplorer, mais l'histoire des Pères de l'Église prépare mal à l'aiguillage des trains ou au classement des lettres.

Le médecin de famille suggéra que l'on m'inscrive au collège où, en tant que pupille de la nation, j'obtiendrais facilement une bourse. Au collège! Dans ses rêves les plus délirants jamais ma mère n'aurait eu la témérité de penser à effectuer un tel saut dans le territoire des riches.

Elle soumit le problème au curé de la paroisse et se fit rabrouer de première :

– Quoi, vous osez me demander la permission de l'envoyer à l'école-sans-Dieu! Mais n'importe quel bon métier est préférable! Chez les Jésuites, de Nantes, je ne dis pas... Mais pourriez-vous payer une pension? Non. Eh bien! qu'il travaille, ce galopin. Ça ne vaut rien de traîner à ne rien faire. On rêvasse, on rêvasse. C'est comme ça qu'on devient fainéant. Allez, au travail, jeune homme, au travail!

Nantes, Nantes où tante Clarisse, sœur de ma mère, nous invitait souvent à venir la rejoindre. « C'est petit, chez moi, écrivait-elle, mais on se serrera. Et Nantes est une grande ville où l'on trouve toujours du travail. »

Ma mère, qui n'avait jamais quitté ses parents, eut soudain envie de changer d'air. La grande ville lui paraissait, à juste titre, plus propice aux rêves insensés qu'elle nourrissait pour moi. Et elle-même n'était sans doute pas fâchée d'échapper au cercle magique de sa propre tribu paternelle et maternelle. Peut-être, aussi, escomptait-elle fuir, au loin, un deuil qui demeurait oppressant.

Hasard, ou geste masochiste de mutilation, grand-mère choisit juste ce moment-là pour abandonner sa coiffe blanche à petits rouleaux. Sans sa coiffe, elle ressemblait à une bonne sœur sécularisée. N'osant pas porter un chapeau, comme une dame, elle se contenta, pour sortir, de se nouer un fichu sur la tête. Sans sa coiffure traditionnelle, grand-mère devenait quelconque, presque misérable. On eût dit une vraie pauvresse.

Ou bien l'on part tout d'un coup, sans informer personne; on part comme si on prenait la fuite; et c'est la coupure radicale avec le passé. Ou bien l'on s'attarde dans des adieux qui n'en finissent pas et on émiette son passé, on l'égrène, on en remplit ses poches. Et on part lourd, trop lourd...

Ma mère s'enthousiasmait de notre évasion, mais ne se décidait pas à mettre les voiles. Si bien qu'à force de construire notre mirifique avenir dans ses rêves, nous faillîmes bien rester. Une lettre de tante Clarisse, demandant si oui ou non nous arrivions, précipita les événements.

En rendant une dernière visite à la bourrellerie, je savais bien que je prenais congé de ce qui m'avait été le plus attrayant.

Cousin Gaston enleva son éternel béret noir pour se gratter le crâne, perplexe. Ma marraine et lui, muets, finirent par renifler quelques larmes, cependant que tante Victorine, pincée, maugréait :

– Tout ça, c'est pour t'enlever à *ta* famille. Mais quand, dans ta grande ville, tu auras du vague à l'âme, ne cherche pas d'où ça vient. Tu te diras : c'est le sang qui parle!

ADOLESCENCE NANTAISE

Chaque ville a sa couleur, son odeur, ses bruits. Quelle est la couleur de Nantes ? Si je parle de gris, j'entends d'ici les protestations des Nantais. Pourtant l'expression « Nantes la Grise », si souvent reprise, provient d'un Nantais, peu aimé il est vrai. Si peu aimé que tous les historiographes modernes, rejetant ce gris de Nantes, ne citent jamais Grand-Jouan, collaborateur de la *Vache Enragée*, qui, en 1899, publia un très bel album de lithographies grises et de textes intitulé : *Nantes la grise.*

« La ville est grise, écrit Grand-Jouan. A toute heure du jour, un filet aux mailles légères l'enveloppe... C'est une buée de lumière diffuse qui éloigne l'horizon... ce crêpe gris qui est la couleur de Nantes. »

Nantes me paraît-elle grise ? Ardoises des toits, pavés des rues, façades de granit, couleur du fleuve, le gris abonde. Il assombrit aussi souvent le ciel. Mais, néanmoins, le gris ne domine pas dans mes souvenirs. Nantes est sans doute moins grise depuis que l'on a comblé ses eaux grises. Si je compare le Nantes de mon adolescence et le Nantes d'aujourd'hui, il me semble que son climat a changé. Moins de pluie, moins de brouillard. Ensablée, desséchée, Nantes a perdu sa physionomie aquatique, pour se transformer en jardin. Pour moi, Nantes est d'abord, aujourd'hui, une ville fleurie, la ville des magnolias et des camélias, des glycines mauves et des hortensias bleus.

Les odeurs aussi ne sont plus les mêmes. Lorsque Nantes s'ouvrait sur la mer, lorsqu'elle recevait dans son port tous les parfums des îles tropicales, une langueur âpre, sensuelle, rôdait dans ses rues, qui se remplissaient aussi de tous les arômes de ses biscuiteries, de ses conserveries et de ses berlingots.

Restent encore quelques relents de cannelle et de café fraîchement torréfié.

Quant aux bruits, ceux du port se sont tus. Les grands martèlements du fer des coques de bateaux, les grincements des palans, les cris des dockers, je les entends encore, mais ce ne sont plus que des souvenirs, comme les chants des matelots. Plus de sirènes mugissantes des navires. Plus de cloches des tramways. Des Klaxon de voitures, comme partout. Le samedi soir, les refrains avinés de quelques noctambules rappellent seulement les rues chaudes d'autrefois.

De la « Venise de l'Ouest » il ne reste qu'un slogan publicitaire qui, d'ailleurs, a toujours été impropre. Nantes n'a jamais ressemblé à Venise. Rien de commun entre la ville orientale de l'Adriatique, avec ses palais de marbre et ses coupoles de cuivre, avec ses odeurs délétères et son agitation méridionale, et cette ville occidentale plus sévère et plus puritaine. Si la Nantes aquatique ressemblait à une autre ville aux pieds dans l'eau, c'était à la « Venise du Nord », à Amsterdam. Il y a encore quelque chose de hollandais dans ces grandes prairies par lesquelles on aborde Nantes à l'est, avec ses champs inondés et ses multiples îles campagnardes. Il y a quelque chose de hollandais aussi dans la bourgeoisie nantaise, bourgeoisie d'armateurs et de commerçants hardis.

De « l'Amsterdam de l'Ouest », il reste peu de chose. Comme il reste peu de chose de mon enfance. Les villes vieillissent, elles aussi, et meurent. Le Nantes de mon enfance était une extraordinaire ville fluviale. La Loire embrassait la ville de tous ses bras. Six bras qui formaient des îles urbaines : île Feydeau, île de la Gloriette, île du Duc, île de Bretagne, île Sainte-Anne. Bâtie au confluent de l'Erdre et de la Loire, mais aussi de la Sèvre, de la Chézine et du Sail, tête du canal de Bretagne, Nantes était une ville de rivières, de canaux, de ponts, d'écluses. Combien de ponts ? Certains disent vingt, d'autres dix-huit. Il me semble qu'il devait y en avoir beaucoup plus.

Ville fluviale, Nantes était aussi ville maritime. Elle jouait habilement sur les deux tableaux. Fascinés par les méandres de son fleuve, nous la croyions ville de rivières, mais lorsque nous descendions avec le cours des eaux vers la place du Commerce, nous avions la surprise grandiose, au bout de l'île de la Gloriette, de découvrir la multitude des voiliers et des cargos qui marquaient l'avancée de la mer jusqu'au quai de la Fosse.

Aujourd'hui, la mer s'est retirée jusqu'à Saint-Nazaire et Nantes n'est plus qu'une ville de Loire, la dernière, avec son château superbe (d'où la Loire s'est aussi retirée, les douves transformées en jardins). Hier encore, la Loire bordait le château des ducs de Bretagne. Mais Nantes s'est desséchée. Comme la Vénus de Milo, la Loire n'a plus de bras. Et elle a perdu aussi sa belle poitrine, qui était son port, à la proue de la ville. La mer s'est éloignée, la Loire aussi. Ce n'est plus une ville aquatique mais, redisons-le, une ville de jardins.

Autre singularité du Nantes d'autrefois, son chemin de fer qui traversait la ville à petits pas. Le chemin de fer suivait le fleuve dans toute la longueur de la ville. Il ne semblait être, d'ailleurs, qu'une annexe du fleuve et du port, allant comme eux tout droit vers l'Océan. Il ne paraissait traverser la ville que pour aller déverser ses voyageurs dans les paquebots de Saint-Nazaire. Aperçue d'une rue perpendiculaire à la voie ferrée, il semblait que la locomotive sortait d'un immeuble et s'engouffrait subrepticement dans un autre, suivie de la kyrielle de ses wagons.

Ville de voies d'eau, Nantes était donc aussi une ville de voies ferrées et ses multiples passages à niveau donnaient la réplique à ses ponts. S'ajoutaient les tramways jaunes, avec leur remorque dite « baladeuse », leurs abris (les aubettes), leurs décrotteurs de rails avec leur raclette. Les tramways mis à la casse en 1958, parce que démodés, ont été réinventés en 1985.

Les tramways sont revenus. Mais les lignes de chemin de fer ont été enterrées. L'Erdre traverse la ville dans un souterrain; le train aussi.

Ce Nantes fluvial, maritime et ferroviaire, je le revois par les yeux du petit garçon qui n'est peut-être venu que deux ou trois fois, avant la Seconde Guerre mondiale, rendre visite à sa tante Clarisse dont toute la famille savait qu'elle occupait à Nantes une position mirifique et fort enviée puisqu'elle était vendeuse aux Grandes Galeries de la rue du Calvaire. Tante Clarisse, sœur de ma mère, était le seul membre de la famille à avoir émigré de Vendée. Cette audace, et les jolies toilettes que lui imposait sa profession, lui donnaient un lustre, un je ne sais quoi, aussi, d'un peu trouble et de déluré. Veuve d'un sous-off de la Coloniale, comme ma mère, on chuchotait qu'elle avait des « aventures » et ce mystère n'était pas le moindre de ses attraits. Le fait qu'elle habitât la grande ville, avec son fils, mon aîné de cinq ou six ans, tout cela nous attirait fort, ma mère et moi. Le merveilleux du Nantes de l'avant-guerre fut lié pour nous au merveilleux de l'existence citadine de tante Clarisse.

C'est avec tante Clarisse et mon cousin Marcel que j'ai découvert la vie populaire de Nantes, son quartier du Marchix (aujourd'hui rasé) avec ses cours, ses courettes, ses passages et ses « femmes en cheveux ». Une femme sans chapeau était alors soit une pauvresse, soit une femme de mauvaise vie. Ma mère et sa sœur ne sortaient jamais sans chapeau. Et ma tante portait des bas de soie, ce qui paraissait à ma mère le comble du luxe, de la prodigalité et des mœurs douteuses.

J'ai parcouru, bouche bée, le Nantes d'avant-guerre, emmené par mon cousin qui m'en mettait plein la vue. Je ne me lassais jamais du spectacle du port, encombré de balles d'alpha et des innombrables barriques de muscadet qui attendaient l'embarquement, bousculé par les portefaix, chassé par les douaniers que nous évitions comme si nous avions été des contrebandiers. Sur les quais, s'amoncelaient les sacs de café provenant des colonies françaises, les sacs de riz arrivés des Indes, les pyramides de bois de construction déchargé des bateaux norvégiens et suédois, les belles planches pour les ébénistes venues de Cayenne.

Il me semble y avoir vu lancer des navires. Il me semble y avoir vu les derniers grands voiliers. De gros remorqueurs, que l'on appelait des « abeilles » prenaient des passagers qu'ils conduisaient jusqu'à Saint-Nazaire. Les Messageries de l'Ouest offraient huit départs par jour, pour Basse-Indre, Couëron, Le Pellerin; deux départs pour Paimbœuf et Donges.

Nous longions le quai de la Fosse. Mon cousin faisait le fanfaron devant les ruelles où des femmes dépoitraillées, leurs jupes si courtes que l'on voyait leurs jarretelles, haranguaient des matelots. Mais en réalité il me serrait la main très fort, en me disant de ne pas regarder et m'entraînait à vive allure vers Chantenay.

Chantenay bruissait de toutes ses usines. Une foule d'hommes coiffés de casquettes à carreaux marchait très vite dans les rues sombres, empuanties des fumées de l'industrie. La raffinerie de Chantenay offrait des « sucres cassés et en pain, des sucres candis, des sucres cristallisés des colonies françaises ». Cette évocation des colonies se trouvait partout dans la ville. Là, les enseignes vantaient les produits importés de l'île de la Réunion, ailleurs les sucres et rhums des Antilles, ou encore la « gomme de Balata », l'essence de bois de rose, les « sucres indigènes », les cafés de la Côte-d'Ivoire et du Dahomey.

Les noms des conserveries, des raffineries, des biscuiteries chantent dans ma mémoire comme des comptines : Amieux, Saupiquet, Say, Cassegrain, LU. Des industriels aux noms prédestinés : Amieux (« toujours à mieux »), Cassegrain (quelle réclame pour ses pois cassés!), Lefèvre-Utile (utile!).

Quarante-deux usines de conserves en 1954. Quatre millions de kilos de sardines mises en boîtes par an, 80 000 kilos de petits-beurre produits chaque jour. Mais en 1961, il ne subsistait plus, déjà, que cinq grands groupes industriels. Saupiquet avait englouti ses concurrents pour être à son tour absorbé en 1972. Amieux ferma en 1973. Say, et son sucre roux de la Réunion et des Antilles liquidé par Béghin, ferma sa raffinerie de Chantenay et LU, englouti par la General Biscuit, abandonna son édifice odorant dont les coupoles avaient d'ailleurs été décapitées d'une manière prémonitoire sous un vain prétexte de modernisme.

De cette avant-guerre, je revois aussi les paveurs qui travaillaient en rangées, avançant de front, agenouillés. On s'émerveillait de leur dextérité, de leur habileté à poser les pavés bien droits, bien alignés. Ces pavés glissants les jours de pluie, si redoutés par les chevaux et les cyclistes.

Je revois les chevaux des laitiers et des livreurs de pains de glace, les fiacres, le crottin, les chasseurs de vipères de la Jonelière.

Je revois les lavandières près du pont de la Motte-Rouge, le long du canal de Barbin où s'amarraient les bateaux-lavoirs. Les lavandières étendaient leur linge sur les séchoirs de la berge et mon cousin, avec d'autres garnements de son espèce, leur criait : « Poules d'eau... poules d'eau... » Ce qui les mettait particulièrement en fureur. Et leur vocabulaire était tel qu'aussi affranchis que nous croyions l'être, nous finissions par fuir sous leurs grossièretés, le rouge aux oreilles.

Mais les bateaux-à-laver de l'Erdre sont disparus eux-aussi, dans les années 50-60. Les meuniers, les tanneurs, les teinturiers, les mariniers, rien de cela ne subsiste. Disparues les brouettes à linge, les charrettes de fagots, les piquets pour étendre les draps sur les quais. Adieu Gervaise et ton redoutable battoir!

Les villes changent. Mais les régions, elles aussi, sont mouvantes comme des banquises. Elles glissent au fil des siècles, d'une province à l'autre. Ainsi de la Vendée, détachée de son territoire originel, le Poitou, pour venir s'amarrer aux Pays de Loire. Ainsi de Nantes, capitale de la Bretagne, au temps où la Bretagne avait des ducs souverains et qui, détrônée par Rennes, s'est laissé envahir par la Vendée. Nantes est aujourd'hui aussi vendéenne que bretonne *. Mais est-ce vraiment nouveau

* Paul Bois, dans son *Histoire de Nantes* (Privat, 1977), souligne que « la non-bretonnité ou bretonnité de Nantes soulève bien des passions » et que Nantes « est aussi la ville des Vendéens »... L'apport breton dépasse légèrement celui de la Vendée, mais son

puisque Victor Hugo disait de Sophie Trébuchet, sa mère nantaise, « ma mère vendéenne ».

Si mon enfance a été vendéenne, mon adolescence fut donc nantaise. Comme tant d'autres Vendéens en âge de chercher un emploi (c'est-à-dire lors de ma quatorzième année) nous sommes « montés », ma mère et moi, tout naturellement à Nantes. La tante Clarisse nous y avait établi une tête de pont. C'est le processus habituel de l'émigration. Un premier, audacieux, se jette à l'eau. Les autres suivent. Tant bien que mal. Nous avons suivi. Ma mère se casa comme concierge dans un immeuble qui faisait face aux douves du château. Fille et petite-fille de domestiques de hobereaux, elle ne se sentait pas trop dépaysée par ce voisinage... Moi je fus placé comme garçon de courses (on disait courantin) dans une officine qui se tenait dans l'île Feydeau, à l'angle du quai Duguay-Trouin et de la rue Duguesclin. L'île Feydeau ressemblait à un navire, avec pour proue la place de la Petite-Hollande. Je suis allé revoir l'immeuble où j'ai fait ma première année d'apprentissage de la ville. Occupé aujourd'hui par la Chambre des notaires, il est superbe avec ses trois étages de granit, ses appuis de fenêtre en fer forgé surmontés de macarons représentant des têtes d'hommes. Je ne gardais pas un aussi prestigieux souvenir de mon premier emploi. Autant dire que, garçonnet transi, je n'avais pas remarqué l'extérieur de cet immeuble.

importance n'est pas déterminante dans le flux des migrants. « Finalement, conclut Paul Bois, l'historien éminent des *Paysans de l'Ouest,* Nantes est breton et vendéen. »

Ajoutons que le parler nantais n'est en rien breton (on n'a jamais parlé breton en Loire-Atlantique) mais tout à fait vendéen. Ne dit-on pas à Nantes, comme en Vendée, achallé (exténué de chaleur), boursette (mâche), castilles (groseilles), chope (blette), friquet (écumoire), grâler (rôtir), porée (poireau), la resciée (l'après-midi), rimer (brûler, en parlant d'un plat), tirette (tiroir), etc.

L'île Feydeau, fastueuse au temps des armateurs et des négriers, reste aujourd'hui à l'abandon. Ses vieux immeubles de guingois s'affaissent comme autant de tours de Pise. La rue Kervégan, où naquit Jules Verne, est particulièrement sinistre, avec ses quadruples marches de pierre occupant toute la largeur des trottoirs. Rue vide, aux pavés cahoteux. L'île Feydeau, qui n'est plus une île, ressemble à un navire échoué, déserté par son équipage.

Rien ne diffère plus de l'approche d'une ville que celle du touriste et celle de l'habitant. Le touriste la parcourt selon des itinéraires précis, codés, logiques. L'habitant, lui, procède par dérives. Ma découverte de Nantes s'est faite en fonction de la localisation de mes emplois, de mes logements, de mes amitiés, de mes amours. Une approche, donc, par ondes concentriques qui vont s'élargissant, puis s'arrêtent soudain, on ne sait pourquoi, sur on ne sait quels obstacles, quelles frontières invisibles.

Notre premier logement, dans la conciergerie de l'immeuble face au château des ducs de Bretagne, si enfouie au rez-de-chaussée, au fond d'une cour qui ressemblait à un puits de mine, qu'il nous semblait habiter les douves, m'a fait connaître d'abord le vieux Nantes. Rien ne prédispose plus à devenir et à rester piéton des villes que de commencer sa vie par l'emploi de garçon de courses. Mon premier travail m'a obligé à apprendre par cœur le plan de la cité. Mais un plan est abstrait et ne répond aucunement à des impulsions personnelles. On va où l'on vous dit d'aller. Le soir, par contre, échappant à l'atmosphère moisie, salpêtreuse, obscure, de notre tanière, je musardais dans les rues proches. Je fouinais dans les ruelles du quartier du Bouffay, dont les noms m'enchantaient : rue des Échevins, rue des Petites-Écuries, rue de la Juiverie, rue des Chapeliers, place du Pilori. Ces ruelles, ces impasses (comme la haute impasse Maillard), ajoutées aux murailles et aux tours du château fort, illustraient assez bien *Notre-Dame de Paris* de Victor Hugo, que j'étais en train de lire. La place du Change m'offrait même un beffroi et une église dans laquelle on voyait une chaire où l'ignoble Carrier, en 93, faisait ses discours. Place du Bouffay, un petit marché couvert garde toujours des airs campagnards.

Contraste étonnant, et qui ne cessait de m'étonner, et qui m'a tant étonné que peut-être cela joua un rôle dans ma fascination pour l'architecture moderne, entre la rue de Verdun et la rue de la Marne se trouvait un grand magasin qui ne ressemblait pas du tout aux Grandes Galeries de tante Clarisse : les Magasins Decré. Construite en 1931 par Henri Sauvage, cette architecture en acier et verre, complètement transparente, avec sur le pan de sa façade une nacelle permettant le nettoyage des glaces, était non seulement l'architecture la plus moderne que l'on puisse voir à Nantes, mais alors l'une des plus à l'avant-garde en Europe.

Le passage Pommeraye (1843), le pont transbordeur (1903), les Grands Magasins Decré (1931), voilà trois étapes de l'architecture moderne alors parfaitement illustrées à Nantes. Il ne reste plus que le passage Pommeraye, sur lequel nous reviendrons. Le pont transbordeur a été démoli en 1958 et les Magasins Decré détruits par les bombardements de 1943. J'ai vu leur carcasse de fer, tordue, quelques instants après la chute des bombes.

Mais revenons à mes dérives.

Un emploi peu défini, où s'intercalaient l'emballage, la manutention, les livraisons, m'amena place Royale, ou plutôt dans les coulisses de la place Royale. C'est en effet rue des Vieilles-Douves (décidément, les douves me poursuivaient) que je travaillais longtemps chez un importateur de café dont les entrepôts sont aujourd'hui remplacés par une crêperie et un soldeur de livres.

Autour de la fontaine qui s'élève au centre de la place, surmontée par une statue de marbre blanc personnifiant la ville de Nantes (cinq autres statues de bronze figurent la Loire et ses quatre affluents) se tenaient des éventaires de fleuristes. Je faisais souvent la navette jusqu'à la Grande Poste de la rue Lapérouse. Ou bien, je traversais la rue de l'Arche-Sèche, rue déserte aujourd'hui, transformée en tranchée, mais qui, alors, connaissait une activité intense de voitures à chevaux chargeant des barres d'eau congelée aux Glacières. Étrange superposition de rues et de places, dans ce quartier quelque peu piranésien. De la rue des Vieilles-Douves, j'empruntais l'escalier aux trente-deux marches qui monte place du Bon-Pasteur. La rue du Calvaire se trouve à gauche, alors belle rue aux grands magasins, devenue depuis sa destruction par les bombardements de 1943 une sinistre voie rebâtie dans le style Staline Allée, en plus miteux.

Lorsque la vie vous transfère brusquement d'un milieu semi-rural à une intense activité urbaine, le choc est grand. Ma mère avait retrouvé un havre de calme, où nous nous rendions ponctuellement tous les dimanches après-midi : le Jardin des Plantes. Je dois dire qu'il est rare que j'aille aujourd'hui à Nantes sans faire un détour, ne serait-ce que pour quelques minutes, au Jardin des Plantes. Peut-être dois-je à cette fréquentation fervente la conviction que Nantes, desséchée, s'est transformée en jardin. Mais sa vocation horticole remonte au XVIIIe siècle. Alors premier port de France, Nantes reçut ordre de Louis XV d'exiger des capitaines de vaisseaux qu'ils ramènent de leurs périples autour du monde toutes les espèces végétales possibles. Et comme le climat de Nantes était réputé doux, Nantes eut, de plus pour fonction, de servir de nourrice aux plantes, de les

« réconforter » avant de les acheminer vers Paris. Le magnolia du Mississippi, appelé alors laurier-tulipier, s'acclimata si bien qu'il est maintenant un arbre typiquement nantais, que l'on voit partout, comme est nantais le camélia dont le Jardin des Plantes présente quatre cents variétés. Cependant qu'au parc de Procé, les azalées et les rhododendrons font la joie des promeneurs. En 1956, Nantes fut la troisième ville de France donnant asile aux Floralies, sur le champ de Mars.

C'est au Jardin des Plantes que j'ai rencontré pour la première fois Jules Verne.

Le petit Jules vécut dans l'île Feydeau jusqu'à l'âge de douze ans. Mais lorsque j'y travaillais comme saute-ruisseau, dans ma quatorzième année, depuis belle lurette il en était parti. Parti fort loin pour un tour du monde en quatre-vingts jours, pour un voyage de la Terre à la Lune, pour un voyage au centre de la Terre, pour cinq semaines en ballon, pour vingt mille lieues sous les mers. Donc, je rencontrai Jules Verne au Jardin des Plantes, statufié en pierre, son buste surmontant une touchante scène de famille qui me rappelait fort à propos nos lectures au Jardin des Plantes, à ma mère et à moi (elle, lisant Pierre Loti, et moi Jean-Jacques Rousseau) puisque, en bas du monument de Jules Verne, une mère et son fils feuillettent un grand livre, cependant qu'en retrait, en bas relief, un train, un ballon et un viaduc évoquent les fameux voyages.

Alors lecteur assidu de Rousseau et de Hugo, je ne connaissais rien de Jules Verne. Non pas à cause de l'ordre alphabétique, mais du hasard des rencontres. Il en est des auteurs comme des amours, ils ne viennent pas toujours dans l'ordre où on les attend.

Le merveilleux, le fantastique de Jules Verne, qui se retrouvaient jadis dans le pont transbordeur et le quai de la Fosse, qui se retrouvent aujourd'hui, plus subtilement, dans le passage Pommeraye, tiennent certainement à Nantes par quelque fil mystérieux, puisque Nantes est liée au surréalisme par plusieurs liens.

« Nantes est peut-être la seule ville avec Paris, a écrit André Breton, où j'ai l'impression que quelque chose de grand peut m'arriver. »

Au début de 1916, alors que Breton était interne au Centre de neurologie de la rue du Boccage, un « jeune homme très élégant aux cheveux roux », en traitement pour une blessure au mollet, l'intrigua fortement. Il se nommait Jacques Vaché, détestait Rimbaud et admirait Jarry.

« Dans les rues de Nantes, écrit Breton *(Les Pas perdus)* il se promenait parfois en uniforme de lieutenant de hussard, d'aviateur, de médecin. Il arrivait qu'en vous croisant il ne semblât pas vous reconnaître et qu'il continuât son chemin sans se retourner. »

On sait que Jacques Vaché mourut bizarrement quelques jours après l'armistice et que cette rencontre devait être déterminante dans la vocation « surréaliste » de Breton. On sait aussi qu'en 1920 Breton rencontra à Paris Benjamin Perret, qui devait demeurer toute sa vie son fidèle second; Perret, natif de Rezé, faubourg de Nantes. Les hasards signifient toujours quelque chose. D'ailleurs la fascination de Nantes se continua sur des écrivains surréalisants comme André Pieyre de Mandiargues et Julien Gracq.

L'un des contes fantastiques du *Musée Noir* d'André Pieyre de Mandiargues a pour cadre le passage Pommeraye. Superbe texte, l'un des plus beaux suscités par un monument nantais. Le passage Pommeraye, je le connais bien. Il fait partie des lieux où, toujours, je me retrouve seul avec mes souvenirs lorsque je vais à Nantes.

Se promener, enfant, dans le passage Pommeraye désert, obscur, comme dans une immense cage cadenassée, vous laisse pour la vie une impression extravagante. Les passages couverts ont pour vocation d'offrir des commerces bizarres. Le passage Pommeraye n'y échappait pas, avec Hidalgo, le marchand de farces et attrapes; avec ses étalages de trophées, coupes, médailles et drapeaux; avec sa bourse aux timbres. Dans une galerie latérale du second étage, la librairie Beaufreton disposait d'un cabinet de lecture où j'allais louer des livres. Mais rien ne paraissait plus étrange que la suite de sculptures montrant des enfants dénudés, porteurs de torchères en équilibre sur leurs mentons. Chacun avait un attribut, figuré par un objet : l'ancre de marine pour l'enfant-matelot, la charrue pour l'enfant-laboureur. Ces enfants muets ont été, nous allons le voir, les compagnons taciturnes de l'enfant solitaire que je fus.

Car le passage Pommeraye évoque pour moi d'autres souvenirs, plus personnels et plus dramatiques.

Certains vieux Nantais se souviendront peut-être qu'il était surveillé, voilà quatre décennies, par un gardien en uniforme, coiffé d'un képi, qui déambulait toute la sainte journée du bas en haut des escaliers qui relient la rue de la Fosse à la rue Crébillon. Car ce passage couvert, outre la multiplicité de ses magasins, la hauteur de ses verrières et l'abondance de ses sculptures, offre la particularité d'être en même temps un grand escalier théâtral, à quatre paliers, raccordant une rue en contrebas, très étroite, étroite comme une fosse, d'où peut-être son nom, à la fringante rue Crébillon, la Canebière nantaise, qui monte avec allégresse de la place Royale au théâtre Graslin.

De haute taille, très droit, fier, pète-sec, ce factionnaire qu'un rien mettait en fureur, devint vite l'une des figures pittoresques de la ville. On faisait le détour par le passage Pommeraye, seulement pour le voir et l'agacer un peu. Les collégiens, surtout, s'en régalaient. Ils le provoquaient entre les statues très blanches des enfants dévêtus, principal ornement de la galerie supérieure, qu'ils croyaient malin de coiffer de casquettes. Les filles allaient même jusqu'à barbouiller de rouge à lèvres les bouches de ces chérubins qui finissaient par ressembler à des clowns. Le gardien les pourchassait de ses longues jambes, alerte malgré son âge et malgré ses lorgnons qui achevaient de lui donner un air cocasse, des lorgnons que sa perpétuelle agitation arrachait de son nez et qui, fort heureusement accrochés à un ruban noir, restaient en suspens sur sa poitrine.

Tout le monde s'accordait pour dire que si ce gardien était ridicule, avec son lorgnon et son képi, avec ses colères exagérées, comme si le passage Pommeraye lui eût appartenu et qu'il ne consentait à la rigueur qu'à la promenade de personnes bien élevées, se contentant de regarder les vitrines sans élever la voix, tout le monde s'accordait pour observer que ce gardien n'était ridicule que parce qu'il ne semblait pas à sa place. Il paraissait déguisé en vigile et jouer un rôle. D'où l'obstination des collégiens à vouloir jouer avec lui, ce qu'il refusait de comprendre.

Le soir, il fermait les deux grandes grilles, celle du bas, rue de la Fosse, et celle du haut, près de la rue Crébillon, sans parler d'une troisième grille à mi-hauteur qui débouche sur un moignon de rue. Le passage fermé, il retirait son képi et se promenait à pas lents devant les boutiques aux vitrines éteintes. Qui l'eût vu alors ne l'eût pas reconnu. Son képi sous le bras, il inspectait les étalages, s'arrêtant devant celui du marchand de trophées, de coupes, de médailles et de drapeaux. Il parlait à un interlocuteur imaginaire, auquel il racontait on ne sait quoi, stationnant ensuite longuement devant la bourse aux timbres, montait les escaliers jusqu'à la première galerie marchande et se rendait tout droit, sans hésiter, face à la devanture de la galerie Moyon-Avenard (fondée en 1855), paraissant discuter des tableaux qu'il ne pouvait voir dans la pénombre, mais qu'il connaissait par cœur pour les observer tous les jours. Il accédait ensuite au second palier, s'esclaffait en passant devant Hidalgo, le marchand de farces et attrapes, tout en haussant les épaules avec mépris et allait se recueillir près des livres de la librairie Beaufreton. Puis il redescendait d'un étage et se glissait entre les boutiques, disparaissant dans un escalier étroit qui le menait à son petit logement coincé entre les verrières. C'est là que je le rejoignais souvent, car ce gardien farfelu et ridicule était mon oncle, ou plutôt, mais ne cherchons pas une excuse, le mari de la sœur de ma mère.

Aux Grandes Galeries de la rue du Calvaire, ma tante travaillait comme vendeuse au rayon des cannes, parapluies et ombrelles. C'est là qu'elle connut son nouveau mari. Puisque veuve et plutôt volage, si l'on en croyait ce que disait ma mère d'un air pincé, son remariage avec un veuf toujours sur son trente et un, comme un bourgeois, fut-il accueilli dans la famille avec soulagement. Enfin, tante Clarisse se trouvait de nouveau casée.

Je me souviens que, du temps de sa splendeur, mon oncle, toujours vêtu d'un complet noir trois pièces et coiffé d'un chapeau melon, ne se promenait jamais sans une canne dans sa main droite dont il faisait des moulinets. C'est, bien sûr, en venant acheter une canne aux Grandes Galeries qu'il rencontra ma tante. Pourtant, il n'était alors qu'un modeste employé aux écritures dans une maison de commerce de l'île Feydeau.

Cette coquetterie nous amusait et, en même temps, nous en tirions une certaine fierté. Le dimanche, ce n'est pas sans forfanterie que nous flânions dans les allées du Jardin des Plantes, nous plaçant bien en évidence autour de notre bourgeois, pour bien montrer qu'il était nôtre, en évitant toutefois une trop grande promiscuité à cause des moulinets de la canne. Seule ma tante l'agrippait, s'accrochant à son bras gauche.

Mon nouvel oncle me fascinait, à la fois par son allure, inhabituelle dans notre famille et par son savoir.

En effet, il savait tout. Et comme il savait tout, il n'arrêtait pas de parler. Nous ne pouvions pas passer devant un arbre, sans qu'il nous décrive les qualités de son bois, les vertus de sa fibre, les propriétés de ses feuilles. Il savait tout sur les poissons, sur les oiseaux, sans parler de la politique à propos de laquelle son discours s'élevait à des hauteurs telles que nous ne suivions plus que la musique de ses paroles, dont le sens nous échappait.

Mais il épatait surtout l'enfant de quatorze ans que j'étais parce qu'il avait tout lu. Nous ne manquions pas, lorsque nous nous promenions au Jardin des Plantes, de stationner devant le monument à Jules Verne. Et l'oncle de se lancer dans une description à tel point vivante du capitaine Nemo, de Michel Strogoff, de Phileas Fogg et de son serviteur Passepartout, de Robur le Conquérant, du capitaine Grant et de ses enfants, qu'il nous semblait évident qu'il connaissait personnellement tous ces gens-là.

Il est vrai que mon oncle était bachelier. Tante Clarisse nous étonnait souvent, mais en réussissant à épouser un bachelier, il faut dire qu'elle nous en bouchait un coin. Non seulement aucun membre de notre famille n'avait accédé à un diplôme aussi prestigieux, mais il paraissait même hors de propos que d'aucuns eussent pu y prétendre. Personnellement, j'avais réussi à obtenir mon certificat d'études primaires et ce phénomène tenait déjà de la prouesse. C'est d'ailleurs en raison de ce premier succès que ma mère eut l'idée saugrenue d'émigrer de notre Vendée rurale dans cette grande ville de Nantes pour que je puisse m'y faire une position sociale. Pour l'instant, je faisais le garçon de courses.

Tout alla bien tant que nous écoutâmes mon oncle d'un air béat. Les deux sœurs, qui n'avaient jamais approché un bachelier, suivaient ses discours comme des oracles. Et moi-même, qui aimais tant apprendre, j'ouvrais bien grandes mes oreilles que, de temps en temps, l'oncle pinçait d'un air supérieur en disant : « Grognard, je suis content de vous. »

– Pourquoi grognard, répliquais-je, je ne grogne pas.

Alors l'oncle souriait, de son air savant :

– Lorsque l'Empereur était content de ses soldats, il leur tirait légèrement l'oreille et leur chantait : « Grognard, je suis content de vous. »

Cet oncle vivait dans un monde différent du nôtre, peuplé d'empereurs et de rois, de personnages de romans, de dates précises et lointaines qui se rapportaient à des événements qu'il nous relatait avec précision : la bataille de Marignan, l'arrivée de Christophe Colomb en Amérique, l'assassinat de Henri IV, la prise de la Bastille, la conquête de l'Algérie, Sedan, les taxis de la Marne. Il nous saoulait de son savoir. Tant et si bien que les deux sœurs finirent par se lasser. Il continuait à parler interminablement et, peu à peu, elles n'écoutèrent plus, chuchotant entre elles des frivolités. J'en fus tout honteux au début, leur jetant des regards furtifs, leur faisant des mines pour qu'elles cessent de marmonner entre elles et qu'elles soient attentives à l'oncle qui risquait de se fâcher. Mais l'oncle pérorait pour moi seul. Il n'était pas dupe du manège des deux femmes mais, puisqu'il lui restait un auditeur attentif, cela semblait le contenter.

Des années passèrent. De garçon de courses j'accédai au rang de manutentionnaire. L'oncle, lui, perdit sa place de scribouillard et, faute de mieux, se retrouva livreur dans l'entreprise qui m'employait.

Qu'il soit titulaire d'un permis de conduire nous stupéfia. Non seulement il était bachelier, mais il savait piloter une automobile! Il nous assura même, d'un air d'évidence, qu'il avait jadis possédé des voitures. Et il nous fit, bien sûr, tout un discours sur l'histoire de l'auto, depuis la De Dion-Bouton jusqu'à la Traction avant.

C'est à partir du moment où nous travaillâmes ensemble dans cet entrepôt que nos relations se transformèrent, entre l'oncle et moi. Il avait beau savoir mener une camionnette, son aspect extérieur, d'abord, n'était plus le même. Dépouillé de son chapeau melon, de sa canne et de son costume noir trois pièces échangé contre une livrée d'un gris délavé, coiffé d'une casquette ornée de l'écusson de l'entreprise, on ne le reconnaissait plus. Seuls demeuraient sur son nez ses lorgnons, et ces lorgnons, naturels lorsqu'il s'habillait en bourgeois, lui donnaient maintenant un visage bizarre. Très vite, d'ailleurs, mes compagnons de travail se moquèrent de ces lorgnons. Et, apprenant ma parenté avec ce nouveau livreur, ils prirent l'habitude de l'appeler, non sans dérision, tonton. Puis, ne trouvant sans doute pas le sobriquet assez fort, ils ne le désignèrent plus autrement que tonton-lorgnon.

Autrefois, du temps qu'il était employé aux écritures, son lorgnon ne quittait jamais son nez. A tel point qu'il faisait partie de son visage. Mais maintenant, avec sa casquette de livreur, ce lorgnon s'obstinait à tomber. Ce qui l'obligea à l'attacher par un ruban à son revers de veste.

– Tonton-lorgnon est décoré! Tonton-lorgnon est décoré! glapissaient mes compagnons de travail. A cause du ruban, bien sûr.

Je pris d'abord la défense de mon oncle. Il m'arriva même de me battre pour qu'on le respecte. Mais je devais bien convenir que je me sentais plus proche des autres manutentionnaires que de ce curieux livreur qui nous écrasait de son dédain.

Débarrassé de sa livrée, je le retrouvais le dimanche, en famille, tel que jadis. Son lorgnon, vissé sur son nez, ne tombait plus. Il réendossait son costume noir trois pièces, se coiffait de son chapeau melon, empoignait sa canne, récupérait du même coup sa prestance et son bagou.

Mais depuis deux ans j'avais beaucoup lu, beaucoup observé et déjà précocement vécu. Si bien que les laïus savants de mon oncle me paraissaient maintenant étonnamment creux. Il parlait, parlait, mais je voyais bien qu'il effleurait les choses, qu'il comblait ses lacunes avec des assertions qui ne tenaient debout que grâce à son toupet. Mes seize ans devenaient agressifs. Mes reparties ne lui plaisaient guère. Il sentait que son auditeur privilégié risquait de lui échapper et il essayait de parer au désastre en prenant les choses de haut :

– A ton âge, tu as juste le droit de te taire. D'ailleurs, tout ce que tu sais et qui t'en fait accroire, c'est moi qui te l'ai appris.

J'étais scandalisé. Il ne m'avait rien appris. Toutes ses histoires n'étaient que du baratin, je le comprenais bien maintenant. D'ailleurs, je ne le voyais jamais lire autre chose que le journal. Tout ce qu'il débitait, il le sortait d'une vie antérieure, du temps où il obtint son bachot et son permis de conduire.

Immigré comme nous à Nantes, il se disait angevin; mais je savais maintenant ses affirmations sujettes à caution. Comment aurions-nous pu vérifier s'il avait été vraiment directeur des Grandes Galeries d'Angers, comme il le proclamait? Il nous parlait toujours de ses malheurs, de ses malchances, qui le conduisirent, de directeur à Angers, à chef de rayon à Niort, puis à employé aux écritures à Nantes. Et finalement à chauffeur-livreur. Comme on ne lui connaissait pas d'amis, il fallait bien accepter ce qu'il racontait.

Mes compagnons de travail, eux, n'acceptaient pas. Ils ne cessaient de se moquer de tonton-lorgnon dont ils faisaient leur souffre-douleur, lui jouant de mauvaises farces, comme de dégonfler les pneus de la camionnette ou de placer des poids de vingt kilos dans les sacs qu'il devait transporter. On le voyait alors, essayant de soulever des fardeaux devenus intransportables, doutant soudain de sa force, son lorgnon chavirant sur son nez, m'appelant à l'aide d'une voix brisée.

J'allais retirer les poids, sous l'œil stupéfait de l'oncle, cependant que les collègues scandaient :

– Tonton-lorgnon! Tonton-lorgnon!

Je l'avais admiré à quatorze ans. A seize, il me faisait pitié. Et il le savait. Aussi prenait-il sa revanche le dimanche, cherchant à m'écraser de sa supériorité, me posant des colles absurdes. Comme les deux sœurs, je ne l'écoutais plus. Il enrageait :

– Des ignares! Vous êtes ignares! Ah! si l'on m'avait dit que je tomberais si bas! Avec qui causer, mon Dieu, je vis parmi des ânes.

Ce qu'entendant les deux sœurs pouffaient de rire. Lorsqu'il affectait une tenue bourgeoise, lorsqu'il affichait ses grands airs, lorsqu'il nous en mettait plein la vue avec ses connaissances de bachelier, elles avaient été l'une et l'autre intimidées, pour ne pas dire ébahies. Mais, chauffeur-livreur, il dégringolait de son piédestal. Elles retrouvaient face à cette déchéance du mari et du beau-frère, une vieille complicité. Elles ne cessaient de caqueter en sa présence, de chuchoter, de s'envoyer des signes de connivence. Dans cette volière, tonton-lorgnon ressemblait à un coq qui eût perdu à la fois sa crête et son plumage. Il ne lui prenait même plus l'envie de coquericoter.

Cet oncle, je l'ai toujours connu vieux. Du moins, il m'a toujours paru vieux. Un jour vint où il fut encore plus vieux et le patron de notre entrepôt, lassé des accidents de voiture trop nombreux et des incidents dus à l'irascibilité de son chauffeur-livreur, le mit incontinent à la porte. Le passage Pommeraye avait besoin d'un gardien fort en gueule. L'oncle fit l'affaire. Il échangea donc sa casquette de livreur contre un képi et sa livrée contre un uniforme. Plus jamais je ne le vis réendosser son beau complet noir, ni se coiffer de son chapeau melon. De sa prestance d'autrefois, il ne conservait que la canne, qu'il tenait désormais par le manche, comme une massue, en menaçant les clochards qui s'obstinaient à prendre le passage Pommeraye pour une salle d'attente de gare et les garnements qui se moquaient de son lorgnon.

Adolescent, mais devenu adulte par la pratique précoce des métiers manuels, j'accompagnais moins souvent ma mère chez l'oncle. Un dimanche soir, comme j'arrivais peu avant la fermeture des grilles, et que je me dirigeais vers l'escalier accédant à la loge, il me prit l'idée de faire demi-tour. Le passage, désert, paraissait encore plus grand. Relativement étroit, par rapport à la hauteur de ses verrières, il ressemblait à la coursive d'un paquebot. Les vitrines de magasins éteintes, les lampadaires ne diffusaient qu'une lumière blafarde. Dans cette pénombre, j'aperçus l'oncle, tout en haut de la galerie supérieure bordée des blanches statues d'enfants travailleurs. Très droit, comme sur une passerelle de navire, il avait bien l'air en effet, avec son allure bravache retrouvée, de conduire un vaisseau étrange. Le capitaine Nemo! Oui, aucun doute, il s'identifiait à cet instant au capitaine du *Nautilus.* Il était le capitaine Nemo.

Je le vis s'avancer vers l'un des enfants sculptés, celui qui porte une torche en équilibre sur le menton. Il lui toucha l'épaule, lui parla. Puis il alla vers l'enfant-forgeron, auquel il tint aussi un discours. Il faisait le tour de la galerie, conversant visiblement avec ses matelots de plâtre. Puis il se rendit dans l'allée du passage supérieur, où la verrière est agrémentée d'arceaux en stuc ornementés comme de la dentelle. Curieux, je le suivis, en me dissimulant derrière les grosses colonnes cannelées aux chapiteaux dorés. L'oncle s'arrêta face à un buste de bronze, placé très haut, qu'il regardait avec intensité, immobile, au garde-à-vous.

Je n'avais jamais remarqué ce buste, si haut placé. Qui était-ce? Monsieur Pommeraye? L'oncle, en tout cas, le saluait lentement, la main au képi.

Je me rendis rapidement à la loge du gardien. Lorsqu'il arriva à son tour, dans le bref moment où il surgit dans l'encadrement de la porte, et avant qu'il enlève son képi, je le vis transfiguré. Chaque soir, sans doute, dans le passage désert, il retrouvait ses fantasmes d'autrefois. Puis il s'assit à la table où les deux sœurs et moi l'attendions pour dîner. Et je devinai dans son regard ce qu'il percevait : l'étroitesse de la loge qui ouvrait sous la verrière, son air confiné, son odeur de moisi et de soupe aux choux, le papier peint décoloré que l'humidité des murs décollait et qui pendait par lambeaux, l'entassement des meubles campagnards, trop volumineux pour une pièce aussi minuscule et qui donnait l'impression d'une remise de brocanteur. Il ferma les yeux, se cacha la tête dans les mains puis, soudain, se redressa et se mit à fanfaronner.

– Regardez-le, dit ma tante, agacée, qui recommence à faire l'intéressant.

Tant de merveilles disparues à Nantes : le pont transbordeur, les tours à coupoles de la biscuiterie LU, les canaux, les navires, mais aussi le carnaval. Le carnaval de Nantes fut pendant longtemps une fête énorme, insensée, une sorte d'excroissance médiévale qui se gonflait démesurément et éclatait aux abords du printemps. Les chars fleuris, les défilés grotesques, les masques, les confettis, la paillardise, la ville entière devenait kermesse, bals, rires et quolibets. Le carnaval, à la fois gargantuesque et satirique, permettait de se défouler de toutes ses humeurs. Belle occasion de se moquer de certains de ses contemporains dont on reconnaissait les grosses têtes, saluées par des lazzis. C'est ainsi qu'apparut dans le défilé, en 1951, la tête en carton bouilli, énorme, de l'irascible gardien du passage Pommeraye. C'est dire si le malheureux tonton-lorgnon était devenu une figure populaire. Je ne vivais plus à Nantes en ce temps-là, mais on m'a rapporté la chose. Comment mon oncle regardait le défilé, dans son costume de gardien qu'il ne quittait plus, coiffé de son képi. Comment la foule fit fête à sa grosse tête qui se dandinait sur des jambes grêles. Comment il se mit en fureur et sortit des rangs des spectateurs pour se précipiter sur sa caricature. Comment un immense rire salua son apparition. Comment on l'obligea à danser avec sa réplique. Comment il fut entraîné par la foule dans une cruelle farandole qui chantait Tonton-Lorgnon sur l'air de Cadet Rousselle. Comment il perdit son képi qui fut piétiné, puis son lorgnon qui fut brisé. Comment il échappa à ses persécuteurs. Comment on trouva, le lendemain matin, les grilles du passage Pommeraye fermées et mon oncle pendu sous le buste de cet inconnu auquel il portait, on ne sait pour quelle raison, une étrange vénération.

Non, je ne retourne jamais à Nantes sans flâner dans le passage Pommeraye. Le marchand de trophées et la bourse aux timbres existent toujours dans la galerie inférieure. Et tout en haut, près de la librairie Beaufreton, hier encore, Hidalgo, le marchand de farces et attrapes. Avant qu'il ne ferme boutique, me promenant dans les allées couvertes, et regardant machinalement les masques, j'ai reconnu avec stupeur le képi et le lorgnon de mon oncle. C'était bien lui, tout à fait lui! Mais qui se souvenait de cet étrange bonhomme? Quel enfant pouvait bien encore avoir envie de jouer au gardien du passage Pommeraye?

Du temps de mon adolescence, je me rendais religieusement au théâtre Graslin * pour y écouter nombre d'opérettes et quelques opéras, quelques concerts, avec toujours la pénible impression de pénétrer par effraction dans une culture qui n'était pas la mienne. J'y allais comme à la grand-messe, endimanché, mal à l'aise et satisfait du devoir accompli. En réalité, le port de Nantes, les canotages sur l'Erdre, les lectures dans le Jardin des Plantes, m'apprirent beaucoup plus. Et les baguenaudages sur les cours.

Près du théâtre Graslin, j'aimais me réfugier sur le cours Cambronne, la plupart du temps désert et qui se présente sous la forme d'une allée fermée par des grilles, entre de hauts immeubles symétriques. Les grands magnolias, les camélias, y abondent. Au milieu, la statue de bronze du général, volontaire nantais de 1792 et qui, on le sait, commandait la garde (qui meurt et ne se rend pas) à Waterloo.

Je descendais du cours Cambronne par la rue de l'Héronnière, prenais la ruelle des Cap-Horniers et aboutissais sur le quai de la Fosse.

J'ai connu le quai de la Fosse grouillant de marins, de prostituées, de dockers, d'innombrables bistrots. Des ruelles sordides montaient en espaliers, avec les gros numéros de leurs bordels, comme cette rue du Vert-Bâton, aujourd'hui inhabitée, à peu près en face du lieu où se trouvait le « transbordeur ».

Le pont transbordeur, c'était la tour Eiffel de Nantes. Des câbles, accrochés à un tablier situé à cinquante

* A part Louis XVI et Cambronne, les noms les plus célèbres sur le plan de Nantes sont ceux de propriétaires de terrains. Graslin était un homme d'affaires qui édifia le quartier qui porte son nom, Pommeraye le gérant d'une société d'actionnaires qui ouvrit le passage en juin 1843; l'île Feydeau tire son nom de l'intendant Feydeau de Brou, etc.

mètres de hauteur, soutenaient une nacelle qui faisait l'allée et venue du quai de la Fosse aux chantiers navals de la Prairie-au-Duc. Le pont transbordeur permettait aux plus hautes mâtures de voiliers de remonter la Loire. Construit par un ingénieur lyonnais établi à Châteauneuf-sur-Loire, Arnodin (1845-1924), inventeur de ce type de pont, le « transbordeur » avait sa réplique à Marseille, à Rochefort-sur-Mer et en une dizaine d'autres lieux dans le monde. Il assurait le passage des ouvriers des chantiers navals, amassés debout sur la nacelle. Les accidents y furent rares, sinon quelques chevaux d'attelage, effrayés, qui tombèrent à l'eau. Le 31 mai 1925, jour de la Pentecôte, quinze mille Nantais vinrent assister au plongeon qu'un ouvrier polonais, employé aux usines de locomotives des Batignolles, se proposait de faire du haut du tablier. Après avoir couru sur les câbles de suspension, Willy Wolf s'entoura d'une ceinture d'étoupe, y mit le feu, s'élança au milieu des flammes et disparut à tout jamais dans le fleuve. Plus heureux, trois aviateurs parieront de passer sous le pont et réussiront leur exploit.

Détruit en 1958, le pont transbordeur marqua symboliquement, par sa disparition, la mort du port de Nantes. Car aujourd'hui, non seulement il n'y a plus de « transbordeur », mais plus de bateaux, plus de marins aux cols bleus et aux pompons rouges, plus de bordels, plus de ruelles même (les bombardements de 1943 anéantirent pratiquement tout le pittoresque du quai de la Fosse), plus de dockers. Rien. Un désastre. Une désolation. Quoi de plus triste qu'un port sans bateau! Subsiste une sorte de bassin morne. Nantes n'est plus dans son port. La ville lui tourne le dos. Le port est abandonné. Nantes regarde maintenant, mettons-nous-le bien dans la tête, vers la vallée de la Loire, vers l'Anjou, vers la Vendée. Nantes est devenue capitale vinicole. Six mille hectares de muscadet sur la rive gauche de la Loire, la rive vendéenne. Nantes est devenue capitale maraîchère, avec ses primeurs.

Mais retournons quand même au port, à ce que fut le port. Et sautons, pour un court moment, au XVIIIe siècle. Car, pour ce qui lui reste d'originalité, Nantes est une ville du XVIIIe siècle.

Beaucoup de villes, ainsi marquées par le temps, se figent dans l'époque où elles se sont particulièrement épanouies. Ainsi Avignon, ville du XIVe siècle, La Rochelle, ville du XVIe siècle.

La prospérité de Nantes venait de la mer et de la Loire navigable. Nantes fit sa fortune avec la Compagnie des Indes, appelée joliment sous Louis XIII « Compagnie de la Nacelle de saint Pierre fleurdelysée ». Ville de négociants, d'armateurs, de corsaires, de flibustiers, puis de négriers (plus du tiers de la traite française a été assurée par la centaine de négriers nantais, en mille trois cents voyages qui ont transporté quatre cent cinquante mille esclaves, poursuivant leur commerce bien après l'abolition de la traite, et d'une manière clandestine, jusqu'en 1867), on a du mal à imaginer aujourd'hui, dans l'actuelle désertification du port, ce que put être l'animation du quai de la Fosse au XVIIIe siècle. Nantes était à la fois un port d'armement corsaire, un port baleinier, un port négrier. On y embarquait de la pacotille (miroirs, perles de verre) échangée en Afrique contre des nègres, troqués ensuite en Amérique contre du sucre, du cacao, du café, du tabac. On embarquait parfois un joueur de biniou pour faire danser les nègres sur les navires afin de les conserver en bonne santé.

Charpentiers, forgerons, constructeurs de navires, chasseurs de baleine sur leurs trois-mâts, femmes d'armateurs venus de l'île Feydeau avec une suite de négrillons vêtus en pages, coffres des capitaines portés par des laquais, sabres d'abordage des corsaires, singes et perroquets rapportés des îles, le port était le lieu d'un spectacle fabuleux. La porte de l'aventure. L'antichambre de la fortune.

L'un des plus célèbres bateaux négriers nantais avait un nom angélique : *La Marie Séraphine.*

Pour cette bourgeoisie triomphante anoblie par Louis XIV, des architectes construisaient des demeures somptueuses dont beaucoup sont encore debout, avec leurs belles façades robustes ornées de tritons et de sirènes.

Deux architectes créèrent cette Nantes du XVIIIe siècle : Ceineray et Crucy.

Architecte parisien installé à Nantes en 1752, Ceineray tracera le plan d'urbanisme de la nouvelle ville, arasant les vieux remparts, canalisant l'Erdre, reconstruisant les quais, dessinant entre la Loire et l'Erdre les cours Saint-André et Saint-Pierre, ombragés d'ormeaux et de tilleuls. Mathurin Crucy, né et mort à Nantes (1749-1826), continuera son œuvre. Cet élève de Boullée à Paris, grand prix de Rome et compagnon de Louis David à la Villa Médicis, dessinera à la fois les plans de la place Louis-XVI, de la place Royale et du quartier Graslin. Il construira le théâtre, la bourse, la façade de l'hôtel de ville, les deux hôtels qui décorent la place Louis-XVI.

La monarchie avait fait la prospérité de la ville. Les familles commerçantes bourgeoises, fraîchement anoblies, n'en accueilleront pas moins avec enthousiasme la Révolution qui les ruinera. Par une curieuse, mais assez fréquente tendance de l'être humain à l'autopunition ou à l'autodestruction, Nantes sera l'une des villes les plus empressées à appliquer la terreur robespierriste. La guillotine, installée place du Bouffay, ne débitant pas assez rapidement les contre-révolutionnaires, Carrier inventa le système des « noyades » dans la Loire. Quatre mille prisonniers furent ainsi jetés dans le fleuve. L'insurrection vendéenne, on le sait, se cassa les dents sur

Nantes, la républicaine, défendue par le général Canclaux, ci-devant marquis. Cathelineau fut tué place Viarme en 1793, et sur cette même place Charette sera fusillé le 29 mars 1786. Ville du sinistre Carrier, Nantes est aussi la ville du non moins sinistre Fouché, député de la Loire-Inférieure à la Convention et ministre de la Police à la fois sous l'Empire et la Restauration.

On pourrait s'étonner ensuite que Nantes soit aujourd'hui sans doute la seule ville de France qui ait dédié ses deux places les plus prestigieuses, l'une à la monarchie, l'autre à Louis XVI. Louis XVI, du haut des vingt-huit mètres de sa colonne, domine en effet les cours Saint-André et Saint-Pierre.

Mais si Louis XVI est représenté avec sa tête au bon endroit, c'est parce que la statue votive fut conçue avant la décapitation. On aime Louis XVI à Nantes, mais il s'agit du monarque libéral et « bourgeois ». On peut lire encore sur la façade du théâtre Graslin :

« L'an 1788, le treizième du règne de Louis XVI, le Bienfaisant, ce monument fut terminé sur les dessins de Mathurin Crucy, architecte et voyer de Nantes. »

Quant à la statue, voilà quel en était le motif :

« Louis XVI le Bienfaisant, en l'an premier de la Liberté, fut jugé par les Nantais digne d'avoir sa statue, et la ville de Nantes, qui avait été *la première à réclamer la liberté,* voulait être la première à rendre hommage au roi juste et *bienfaisant qui en a fait jouir ses peuples,* au *restaurateur* de la liberté française. »

Mathurin Crucy avait ouvert une souscription pour la colonne et la fonte de la statue dont le bronze devait provenir des cloches de la cathédrale. La première pierre fut posée le 23 juin 1790. Mais les événements arrêtèrent les travaux, Louis XVI, entre-temps, de « bienfaisant » devenait « despote ». Achevée en 1808, on juchera provisoirement sur la colonne une aigle géante. Et c'est seulement sous le règne de Louis XVIII, le 5 août 1823, que la statue de Louis XVI, exécutée par Dominique Molknecht, prendra la position qu'elle a, depuis, conservée.

Peut-être consciente d'une telle anomalie, sous la troisième République la municipalité de Nantes a débaptisé la place * officiellement nommée place du Maréchal-Foch. Mais tout le monde continue, bien sûr, à l'appeler place Louis-XVI.

Mais qu'est donc devenue Trentemoult ?

Tout au bout du quai de la Fosse, en allant vers Chantenay, montons les cent vingt-cinq marches de l'escalier qui aboutit au belvédère de Sainte-Anne. En face, de l'autre côté de la large Loire, le faubourg de Rezé, dominé par la « cité radieuse » de Le Corbusier, pas très radieuse d'ailleurs dans sa grisaille. A droite, des maisons blanches, petites, une flèche d'église : c'est Trentemoult. Une chanson me revient aux lèvres :

A Trentemoult la grande ville
Ous' qu'y a des maisons blanches
On dit qu'y a une barbière è reu
Qui est plus belle que le jour...

Je les ai chantés avec ardeur, les huit couplets de la *Barbière de Trentemoult.* Avec autant d'ardeur que ceux de *Jean Françoué de Nantes* (« gabier de la Fringante, oh ! mais oué »). Autrefois, le voyage à Trentemoult était, sur la Loire, le pendant de la balade à la Jonelière,

* Déjà débaptisée par la Convention qui en fit, après la décapitation de Louis XVI, la place de l'Égalité. Tout comme la place Royale, dessinée par Crucy, appelée d'abord place Saint-Nicolas, du nom de l'église voisine, puis place Louis-XVI, sera baptisée (si l'on peut dire) Champ de la Liberté par la Convention, puis place de l'Égalité et place Impériale avec l'accession de Bonaparte à la couronne.

sur l'Erdre. Avec quelque chose de plus émouvant car, quand même, on embarquait dans un petit vapeur près de la Bourse, on traversait le fleuve au milieu des cargos, des remorqueurs, de toute une activité fracassante de chantiers navals, et on arrivait dans un petit village de pêcheurs, habité principalement par des retraités de la marine. Trentemoult, c'était la commune des cap-horniers et des derniers grands voiliers dont le capitaine Louis Lacroix, commandant du trois-mâts *Babin-Chevaye,* nous a raconté l'histoire. C'était hier. Louis Lacroix, capitaine-visiteur du port de Nantes, de 1937 à 1947, est demeuré l'image vivante de la marine à voile jusqu'à sa mort, en 1957, à l'âge de quatre-vingt-deux ans.

Ah ! citons encore les grands trois-mâts, le *Bougainville,* armé à Nantes en 1904, le *Lamartine* qui voyagea autour du monde et le *Montebello* qui fit naufrage en 1906 sur l'île Kangourou, au sud de l'Australie. Et encore la frégate la *Méduse* qui fut construite à Nantes et que son radeau de naufragés, aidé par Géricault, a immortalisée.

A Trentemoult, on allait manger de la friture dans les petits caboulots. Mais moi, j'accompagnais mon cousin Marcel, qui « fréquentait » une fille de Trentemoult dont le père m'épatait beaucoup avec sa belle casquette à ancre de marine.

Je suis retourné hier à Trentemoult qui est toujours un village en bordure de Loire. Les petits restaurants y sont toujours nombreux, le long du quai. Mais les barques de pêche ont été remplacées par des voiliers de plaisance.

Finalement, dans mes itinéraires nantais, l'eau compte beaucoup. Nous allions à Trentemoult manger de la friture, mais nous allions aussi en amont du fleuve, dans la prairie de Mauves, du côté de Sainte-Luce. De nombreuses auberges populaires offraient des tonnelles en bord de Loire. Et l'on voyait les pêcheurs opérer entre les bancs de sable. En janvier-février, ils lançaient des filets de lin pour barrer la route aux saumons. En mars-avril, ils cueillaient des civelles avec des tamis en toile métallique. En mai, d'une barque noire à fond plat, à une autre barque noire, ils cernaient les aloses en tendant des filets de plus de cent mètres. L'été, ils pêchaient des plies et piégeaient des anguilles dans des bosselles d'osier. Un restaurant renommé s'appelait *Hôtel du Poisson frais,* ce qui laissait supposer qu'ailleurs il l'était moins. Le beurre blanc était de rigueur dans toutes les auberges. On y cuisinait aussi des canards au muscadet et aux petits pois, des grenouilles à la sauce poulette, le tout arrosé de blanc de Haute-Goulaine, de La Haie-Fouassière, de Valet.

Il faut bien dire que je n'eus que rarement droit à de telles agapes, du fait, d'une part, de notre pauvreté familiale, puis très rapidement de la guerre, de l'occupation allemande, des restrictions alimentaires et de toutes les pénuries qui s'ajoutaient à notre pénurie congénitale. Mais les échaudés en fer à cheval, les fouaces en étoile, voire les simples galettes de blé noir, m'ont laissé de bien heureux souvenirs.

Plus que de Loire, j'ai été un homme de l'Erdre. Ma mère loua en effet un minuscule logement dans une maisonnette située dans les prairies maraîchères en bordure de cette rivière. Le quartier Saint-Donatien était alors, sur la rive de l'Erdre, occupé par des blanchisseurs qui étendaient le linge dans les prairies. Nous n'avions pas l'eau courante (une pompe à main, au-dessus d'un puits, alimentait le petit hameau) et une cabane en bois servait de W.-C. collectifs au ras de l'eau. Mais nous nous trouvions néanmoins beaucoup mieux que près des douves du château.

François Ier proclama l'Erdre « plus belle rivière de

France ». Je dis la même chose, mais j'ai mes raisons bien particulières. L'Erdre fut en effet la rivière de mes premières amitiés et de mes premières amours.

Premier amour avec la fille des voisins blanchisseurs, premières errances amoureuses dans les rues, du pont Morand au pont de la Motte-Rouge, sur le quai de Barbin * (devenu quai Barbusse, croyait-on, par une sorte de moderne déclinaison). J'ai pratiqué tous les porches qui permettaient des embrassades furtives, allongé à plaisir le parcours par des détours dans l'île de Versailles où des charpentiers construisaient des petits bateaux et où les dernières lavandières frappaient de leurs battoirs le linge mouillé. Pour ne pas arriver trop tôt rue de Clermont, nous tournions sans fin autour de la caserne Cambronne (encore lui!). Mais tout avait une fin et il nous fallait, l'un après l'autre, pour que les parents n'en sachent rien, emprunter le sentier qui descendait à travers les jardins et que l'on a transformé aujourd'hui en une avenue dédiée à Maurice Utrillo.

Vint le premier ami qui amarra près de la maisonnette une pirogue indienne, creusée au feu dans un tronc d'arbre. Avec cette pirogue, que lui avait offerte un capitaine au long cours, que de balades sur l'eau, remontant le courant vers La Chapelle-sur-Erdre et Sucé, avec une étape obligée aux guinguettes de la Jonelière.

Sous le nom mirifique de *River Palace,* des « vedettes panoramiques » font aujourd'hui des croisières de l'île de Versailles au lac de Mazerolles, incluant des « dîners avec menu gastronomique », « darde de merlu au beurre blanc, caneton nantais au muscadet, fromage poitevin ».

* Lorsque Jules Michelet fut destitué de sa chaire au Collège de France par le second Empire, il habita, du 12 juin 1852 au 15 octobre 1853 dans « une vaste demeure assez délabrée » du quartier Barbin.

Mais qu'est-ce donc qu'un « fromage poitevin » ? Que ne sert-on du curé, ce fromage typiquement nantais !

Au mois de mai, autour des maisonnettes du quartier Saint-Donatien, des rosiers sauvages foisonnaient. Une exubérance de petites roses blanches alanguissait l'air d'un parfum suave. J'en cueillais des brassées, dont j'emplissais la pirogue et j'allais à la rencontre de celle qui attendait sur un embarcadère de l'île de Versailles. Dans la pirogue, ornée de guirlandes de roses, elle trônait comme une vahiné. Nous disparaissions dans les méandres des petits affluents couverts de nénuphars et de joncs.

Après le pont Saint-Mihiel, l'Erdre bute sur la place du port Communeau et clapote. Jadis, elle continuait son cours en faisant un coude, se faufilait entre l'hôtel de ville et l'église Saint-Nicolas et se laissait happer par un bras de Loire aux environs de l'île Feydeau. Escamotée, l'Erdre emprunte aujourd'hui un canal sous les cours Saint-André et Saint-Pierre et rejoint le gros bras de la Madeleine. A l'emplacement de l'ancien lit de l'Erdre se trouve le cours des Cinquante-Otages.

Pendant l'occupation allemande, l'hôtel d'Aux, place Louis-XVI, l'un des chefs-d'œuvre de Mathurin Crucy, traditionnellement siège du commandement du 11e corps d'armée, devint siège de la Kommandantur. Un soir d'automne 1941, rentrant de mon travail, je fus arrêté sur la place Saint-Pierre, devant la cathédrale, par une animation insolite. Des gens couraient, affolés, dans tous les sens. Des soldats allemands hurlaient, brandissant leurs fusils. Quelqu'un me souffla :

– Barre-toi, on a zigouillé un doryphore !

J'appris un peu plus tard que le chef de la Kommandantur avait été tué, juste à cet emplacement. Le 22 octobre 1941, quarante-huit otages furent fusillés en représailles, plus deux prisonniers militaires polonais.

D'où le nom de cours des Cinquante-Otages donné à l'ancien lit de l'Erdre.

Trois dates sinistres dans l'histoire récente de Nantes : ce mois d'octobre 1941, puis septembre 1943 et janvier 1972.

Les 16 et 23 septembre 1943, l'aviation américaine déversa sur Nantes quatre à cinq mille bombes. J'ai vu mourir subitement, d'un seul coup, d'un seul cri, la rue du Calvaire, la rue de l'Arche-Sèche, les Magasins Decré, la place Royale, les ruelles du quai de la Fosse... J'ai vu Nantes en ruines, Nantes évacué, désert, recherchant ses morts et ses blessés. Ces deux bombardements firent mille huit cents morts, trois mille blessés; deux mille immeubles furent totalement détruits et six mille endommagés.

J'avais quitté mon importateur de café (il y a belle lurette qu'il n'y avait plus de café) pour travailler au Service des sinistrés et réfugiés de la préfecture. J'ai connu Nantes, ville morte, abandonnée aux jeunes garçons et filles déblayant les ruines. C'est parmi eux que j'ai rencontré mes premiers copains. Nous recherchions les cadavres sous les gravats. Nous mangions dans des cantines innommables, servis par des bonnes sœurs en cornette, dormant au petit bonheur la chance; la chapelle de l'Oratoire, de style jésuite, l'une des plus belles pièces architecturales, transformée en chapelle ardente.

28 janvier 1972. La cathédrale Saint-Pierre, qui avait résisté aux guerres de Religion, à la Terreur de Carrier, aux bombardements de 1943 * fut incendiée par la lampe à souder d'un plombier qui travaillait sur son toit. Restaurée, la cathédrale offre aujourd'hui la blancheur de sa superbe nef et le magnifique élancement

* Mais elle n'échappa pas aux ultimes bombardements du 15 juin 1944 et ne sera rouverte qu'à la fin de 1946. Des échafaudages pour sa rénovation restèrent toutefois en place jusqu'en 1971, peu de temps avant que sa charpente soit incendiée.

de ses piliers. A son flanc droit se trouve un petit square que j'ai beaucoup fréquenté : la Psalette. C'était un havre de paix et, en même temps, un lieu de rendez-vous discret. N'y allez pas. On en a fait un parking à voitures particulièrement sinistre.

La Psalette se cachait hier par modestie. Elle se dérobe aujourd'hui aux regards par honte. Malheureusement, il n'en est pas de même d'une pustule géante que l'on voit de partout, comme un sémaphore de prison : la tour de Bretagne. Immeuble-tour d'autant plus choquant que la ville de Nantes est, par tradition, horizontale. La cathédrale elle-même, trapue, sans tours ni flèches, ne se singularise pas au-dessus des toits. Cet immeuble géant, qui témoigne éloquemment de l'imbécillité de la reconstruction dans les années 50-60, plus qu'une erreur est une incongruité. Comme si sa sinistre masse noire ne suffisait pas, on a ajouté à son sommet d'incohérentes superstructures. Le pont transbordeur était arachnéen. Il témoignait, comme la tour Eiffel à Paris, de la sveltesse et de la transparence de l'architecture métallique. La tour de Bretagne n'est qu'une caricature de modernité, une bêtise, et les bêtises ne se dégustent qu'à Cambrai.

Au début de 1837, Stendhal descend la Loire, de Tours à Nantes, sur le bateau *L'Inexplosible.* Il parlera beaucoup de Nantes dans ses *Mémoires d'un touriste.* Beaucoup de bavardage et d'impertinence. Il loge, selon ses dires, « dans un hôtel magnifique » et sa chambre donne sur la place Graslin. C'est l'ancien hôtel de France * qui s'ouvrait sur la place même. En réalité,

* L'hôtel de France de la place Graslin, vanté par Young et Stendhal et où se pendit Jacques Vaché, a disparu. L'hôtel des Voyageurs, situé en haut de la rue Crébillon, a repris son nom.

Stendhal ne retiendra de Nantes que deux choses : une jeune fille au chapeau vert qui le séduit tant qu'il voudra lui consacrer un roman, *Le Rose et le Vert,* resté inachevé, et le tombeau de François II et de Marguerite de Foix à la cathédrale, sculpté par Michel Colomb au début du XVIe siècle. « Admirable monument, écrit Stendhal. Outre sa beauté directe, je pensais qu'il est pour la sculpture à peu près ce que Clément Marot et Montaigne sont pour la pensée écrite. » Et il nous assure qu'il est allé le contempler tous les jours pendant une demi-heure.

Sans tomber dans une telle dévotion, je ne fais guère de voyage à Nantes sans aller revoir ce cénotaphe élevé à la mémoire du père et de la mère d'Anne de Bretagne, certainement l'une des plus belles sculptures funéraires qui soient et que Mathurin Crucy (toujours lui!) sauva de la destruction pendant la Révolution en le cachant dans la cour écartée du couvent des Ursulines.

Et puisque nous avons parlé de nos itinéraires sentimentaux, n'oublions pas nos stations culturelles. Le musée des Beaux-Arts, superbement restauré, m'a beaucoup appris, au moins par trois tableaux : le *Joueur de vielle* de La Tour, le *Portrait de Madame de Sennones* d'Ingres et *Les Cribleuses de blé* de Courbet. Mais, dois-je l'avouer, au temps de mon adolescence nantaise, ma fascination allait plutôt à un très grand nu, accroché tout à l'entrée du musée, nudité plantureuse, voluptueuse et maternelle, qui m'a ouvert une fenêtre sur l'érotisme de la même manière trouble que la *Salomé* de Gustave Moreau pour André Breton. J'ai su, depuis, qu'il s'agissait d'une *Vénus* de Bouguereau que l'on a maintenant, la mode partie ailleurs, planquée dans quelque réserve.

J'aimais bien aussi le musée des Arts décoratifs, au château des Ducs de Bretagne, augmenté aujourd'hui par les collections du musée des Salorges. Tout le merveilleux légendaire nantais s'y trouve réuni : maquettes de bateaux, cap-horniers, chasse à la baleine, traite des Noirs. Ce merveilleux qui s'insérera dans l'utopie scientiste de Jules Verne. Jules Verne qui a, et c'est bien le moins, son musée à Nantes depuis 1978, musée tout blanc, près de la blanche statue de sainte Anne.

Mais la culture, ce n'est pas seulement les musées, les monuments, la lecture. C'est aussi les fêtes. Et deux fêtes ponctuaient avec force le printemps et l'automne : le carnaval, avons-nous dit, le jeudi et le dimanche de la Mi-Carême, auquel, à l'automne, la fête foraine sur les cours Saint-André et Saint-Pierre donnait la réplique. Ménageries, monstres, puces savantes, loteries, gaufres, nougats, trains fantômes, autos tamponneuses, boxeurs et lutteurs, tirs, la fête foraine c'est aussi le merveilleux, l'exotisme, les rencontres imprévues, l'exaspération des bruits et des désirs.

Mais la culture c'est aussi certaines nourritures spécifiques, voire même quelques marques de produits. Et, dans cette perspective, les petits-beurre LU sont aussi nantais que Jules Verne et Anne de Bretagne. Et l'impact de ces biscuits « tout au beurre » est si grand que l'on dit d'un ivrogne, à Nantes, qu'il est « beurré comme un petit LU ».

Il arrivait que le dimanche ma mère achetât des biscuits à la cuillère que nous trempions dans nos tasses de lait. Parfois survenait le grand jour, le tralala, la folie des grandeurs : ma mère achetait des « petits-beurre ». Le Petit-Beurre, c'était évidemment le Petit LU.

Lefèvre-Utile. Étrange nom! Curieux que l'utilité du biscuit Lefèvre soit ainsi affirmée en toutes lettres. Et nous croyions, dur comme fer (comme fer-blanc de boîte à biscuits) que tout ce qui était écrit ne pouvait qu'être vrai. Quelle était cette utilité? Vague... Mais comme on ne savait rien faire qui ne fût utile, et puisque monsieur Lefèvre affirmait l'utilité de son biscuit, la gourmandise n'était plus un péché.

Par contre, le crémet en était un. Un gros péché! Ma mère le savait bien, mais elle succombait à la tentation avec une certaine jubilation. Nous voyions parfois descendre dans le sentier (l'actuelle avenue Maurice-Utrillo) une femme lourdement chargée qui criait : « Crémets... Beaux crémets... Crème fraîche! » Ma mère se précipitait dehors, avec de grands gestes et la femme, aux bras encombrés de paniers et de bidons, arrivait à petits pas. Ma mère tendait un plat de faïence dans lequel la marchande dépotait un laitage hémisphérique, entouré d'une gaze blanche, d'un petit moule en fer percé de trous. Elle puisait ensuite avec une louche, dans le bidon, une mesure de crème fraîche dont elle arrosait le crémet. Quel régal! Quelle fraîcheur!

Il faut dire que nous aimions beaucoup les laitages, ma mère et moi et que, par chance, leur prix n'était pas élevé.

Nous faisions aussi des débauches de caillebottes, poussant les convenances jusqu'à nous rendre à la fête des Caillebottes de Ragon (mais oui), au-delà du pont de Pirmil, à proximité de Rezé.

Nous aimions aussi les civelles, ces minuscules anguilles que l'on achète agglomérées en « pain » et que l'on blanchit dans du lait. Nous aimions, bien sûr, les sardines grillées, marchandées aux femmes de pêcheurs qui les vendaient à la sauvette, dans des paniers d'osier couverts de fougères. Enfin, nous aimions les berlingots, vendus en cornets rue de la Fosse, bonbons à base de sucre d'orge; berlingots bruns au café, mauves au cassis, rouges à la framboise, verts à l'anis, blancs à la menthe et dont les belles boîtes rivalisaient avec celles de LU.

Il pleut sur Nantes... chante Barbara. Dans la mythologie littéraire française, la pluie serait-elle à Nantes ce que le tonnerre est à Brest? Cette petite pluie fine, venue de l'Océan, a donné lieu à de nombreuses expressions locales un peu dégoûtées : il brimasse, il mouillasse. On parle aussi de crachin. Est-ce pour déjouer le sort que Nantes a nommé une de ses rues Beau-Soleil, en plein milieu de ce carré magique formé par une ligne idéale allant de la cathédrale à l'hôtel de ville et du château au Bouffay ?

Car, peut-être, mes souvenirs de Nantes d'hier oblitèrent-ils quelque peu la personnalité du Nantes d'aujourd'hui. Nantes a changé, redisons-le. Elle tourne le dos à la mer et regarde vers l'amont de la Loire. Elle n'est plus une ville aquatique, mais une ville de jardins. Mais quels jardins ! Et quel fleuve !

Lorsque l'on arrive de l'est ou du centre, c'est-à-dire de la France intérieure, lorsque l'on arrive d'Orléans, de Tours, d'Angers, on ne descend plus la Loire sur un bateau, comme Stendhal, mais on suit étroitement le fleuve, que ce soit en voiture ou en train. Le fleuve vous accompagne à Nantes, vous montre le chemin, vous répète à tous les instants que la ville vers laquelle vous allez est ville de Loire.

Et pour le piéton que je suis, Nantes offre le privilège de longues promenades, ponctuées par la superbe végétation de ses magnolias, de ses camélias, de ses hortensias. Malgré le comblement de ses eaux, l'atonie de son port, les destructions des bombardements de 1943, l'erreur grotesque de son pitoyable gratte-ciel, Nantes est néanmoins, est toutefois, est malgré tout, l'une des plus belles villes de France, l'une des plus jolies à regarder, l'une des plus agréables à parcourir à pied, l'une des plus odorantes, l'une des plus douces, l'une des plus aimables.

Si Nantes s'est beaucoup étendue, faisant d'une île de Loire, Beaulieu, son centre d'affaires, sa modernité, par contre le centre traditionnel, le vieux Nantes, se ramasse dans un périmètre étroit, ce qui ne donne que plus de force à son originalité.

Comme on trace à Paris une ligne idéale qui va de l'hôtel de ville au rond-point de la Défense, en passant par le Louvre, la Concorde et l'arc de triomphe de l'Étoile, on peut inscrire sur le plan de Nantes un parcours de la colonne Louis-XVI au théâtre Graslin. A la différence que l'itinéraire parisien ainsi décrit est inhumain, impraticable à pied, alors que ce que je vous propose à Nantes est une promenade à pas lents.

Du haut de sa colonne, Louis XVI regarde les beaux hôtels particuliers du cours Saint-André, qui datent de son règne. Derrière ces belles façades se cachent des descendants de négriers, des aristocrates ruinés, vivant chichement, mais toutefois sans déroger à prendre un emploi roturier; des descendants de vieilles familles, oubliés comme dans des placards de musées; que l'on voit parfois sortir furtivement, jetant de brefs regards à droite et à gauche, de peur d'être reconnus, tellement leur passé familial les aveugle. Avec leurs cannes à pommeaux, leurs pèlerines, leurs particules, ils vont bien vite s'enfermer dans un cercle tout proche, pour y causer de vieux livres, de marine à voile, de monsieur de Charette et de madame la duchesse de Berry.

Avant de rencontrer la cathédrale, vous passez sous la porte Saint-Pierre, dont la base est un vestige de l'enceinte gallo-romaine. Puis vous descendez la rue de Verdun jusqu'à la place du Pilori. C'est là que le vieux Nantes s'exprime le mieux, dans son fouillis de rues et de ruelles. Vous continuez tout droit jusqu'à la place Royale et montez place Graslin par la rue Crébillon. La rue Crébillon, c'est la rue élégante, la rue des beaux commerces. Lorsque l'on est nantais, on la monte, on la descend, on la remonte et on appelle ça « crébillonner ».

Asseyez-vous à la terrasse de *La Cigale* si, par chance, rare, vous y trouvez une place, et attardez-vous à contempler la belle ordonnance de la place Graslin, notamment la façade à colonnes du théâtre, petit joyau de l'architecture du « siècle des lumières ». Puis vous contournez le théâtre et arrivez à un boulevard qui s'appelait autrefois le boulevard Delorme et qui a pris aujourd'hui le nom d'un maire de Nantes : Gabriel Guist'hau. Loin de moi l'idée de vouloir contester les mérites de monsieur Guist'hau, mais le changement de certains noms de rues modifie en même temps tous vos souvenirs. Je ne sais qui était monsieur Delorme, mais boulevard Delorme évoquait évidemment pour moi un boulevard planté d'ormes *. Je n'en démordrai pas. Et tant qu'à changer pourquoi ne pas avoir donné à ce boulevard le nom de Guépin dont le buste orne l'entrée du boulevard ? Ange Guépin (1805-1873), médecin des douanes à Nantes, fut commissaire de la République en 1848, ce qui lui vaudra d'être destitué de sa chaire de professeur à l'École de médecine en 1850. Préfet de la Loire-Inférieure après la chute de l'empire, Guépin avait publié en 1835 un livre intitulé : *Nantes au XIXe siècle, statistique, industrielle et morale.* Les pages que le docteur Ange Guépin consacre à la description de la misère ouvrière n'ont d'égales que celles de ses contemporains Villermé, Blanqui et Engels.

Car l'envers de la prospérité bourgeoise nantaise fut évidemment, au XIXe siècle, une désolante pauvreté populaire, à l'origine de l'agressivité et de la dureté de sa classe ouvrière. Nantes a été une véritable marmite

* C'est Thibault-François de l'Orme, tué en 1793 lors du soulèvement de la Vendée, « première victime des brigands étant à son poste » qui donna son nom à la place Delorme. Un boulevard la prolongea au XIXe siècle que, par redondance, on planta d'ormes. A la fin du XIXe siècle, une pittoresque statue de bronze de Guépin, debout, vêtu d'une redingote, son chapeau à la main, fut édifiée place Delorme. Je la revois très bien. Fondue par les Allemands, lors de l'Occupation, elle a été remplacée par un banal buste de pierre et les ormes, abattus, par des tulipiers de Virginie.

en ébullition, du fait de l'extrême concentration de sa population laborieuse. Métallurgistes des ateliers de locomotives des Batignolles, cigarières de la manufacture des tabacs (1 172 ouvrières et ouvriers en 1893), ouvriers de Chantiers de la Loire et des Chantiers de Bretagne, des entreprises Brissonneau et Lotz, de Dubigeon (en 1896, Nantes construit trente et un bateaux jaugeant 8 296 tonnes), tisserands de coton du quartier Saint-Similien, corroyeurs de cuir sur les bords de l'Erdre, ouvriers et ouvrières des conserveries, des sucreries de Chantenay, des biscuiteries, dockers, mariniers, pêcheurs de Loire, les ouvriers de Nantes et de Saint-Nazaire ont longtemps bénéficié d'une sorte d'auréole révolutionnaire, sans doute par le fait qu'ils avaient souvent recours à l'action directe et qu'en 1892, sous l'influence de Pelloutier, Aristide Briand, né dans le quartier malfamé du Marchix où son père était bistrotier, devint propagandiste de la grève générale.

Toujours est-il que le premier syndicat, créé en France, le 26 mai 1833, fut celui des typographes de Nantes. Toujours est-il que l'impact des luttes ouvrières nantaises contribua souvent à déclencher des mouvements nationaux de grande ampleur, par exemple en 1936, en 1953, en 1968. A l'esprit d'entreprise de la bourgeoisie répondit naturellement une combativité de la classe ouvrière nantaise.

De la place Delorme, après avoir salué ce brave M. Guépin, auquel on attribua quand même une rue, non loin du marché de Feltre, vous descendez la rue du Calvaire, jadis pendant commercial de la rue Crébillon et que j'ai vu entièrement brûler en 1943 et vous tournez à droite rue Boileau pour le simple plaisir de vous souvenir qu'un beau magasin LU s'y tenait avant la date fatidique des bombardements. Comme la brasserie *La Cigale*, qui nous présente toujours une profusion de céramiques et de miroirs, ce magasin était orné d'un décor 1900, avec des boiseries murales, des comptoirs et des vitrines de cuivre. Des vendeuses, toutes de noir vêtues, à l'exception d'un col blanc, proposaient en fin de semaine, outre les biscuits dans des boîtes en fer-blanc décorées, devenues pièces de collection, des « gâteaux nantais au rhum », des tartes à la frangipane, des petits pains d'épice.

De la rue Boileau, vous aboutissez à l'entrée supérieure du passage Pommeraye. Vous l'empruntez, descendez ses marches, traversez la rue de la Fosse et arrivez à l'hôtel de la Bourse, autre monument de Mathurin Crucy. La place du Commerce vous offre les terrasses de ses cafés. Jadis port-au-vin, cette place très large est, depuis toujours, un lieu de rendez-vous. Le 16 septembre 1943, à seize heures, je devais y rencontrer, dans un des bistrots, un très jeune poète dont le nom s'auréolait déjà d'une gloire sans égale. J'avais lu en effet l'un de ses poèmes dans *Comœdia* et je savais qu'il entretenait une correspondance avec Pierre Reverdy. Il s'appelait René-Guy Cadou. Or, c'est ce même jour et à la même heure, qu'un bombardement massif détruisit le centre de Nantes. J'espère que Cadou, qui ne méprisait pas les canulars, n'en avait pas été informé. Il se passa quelques mois avant que je redécouvre l'adresse de Cadou. Il me donna alors rendez-vous dans un château perdu au milieu des marais de Goulaine. Il était instituteur et restera toute sa vie instituteur de campagne.

C'était bien le poète que je pensais. Rarement la poésie ne s'est mieux accordée avec le physique de son poète, que celle de Cadou avec lui-même. J'allais le voir, juché sur la vieille bicyclette de mon père, le plus souvent possible, dans ce domaine enchanté, aussi mystérieux, aussi attirant que celui du Grand Meaulnes. Il me lisait ses derniers vers, de sa voix chaude, convaincante. Parfois, il me récitait du Reverdy, qu'il considérait comme son maître, me racontait des anecdotes sur Max

Jacob ou sur Apollinaire que, bien sûr, il n'avait pas personnellement connu, mais auquel il consacrait un livre. Avec René-Guy Cadou j'accédais à la poésie vivante, à la « jeune poésie » et, plus tard, lorsque je me liai à mon tour à Julien Lanoë, Jean-Daniel Maublanc, Jean Rousselot, Michel Manoll, Maurice Fombeure, ce fut pour retrouver Cadou présent parmi eux, bien que solitaire toujours en pays nantais. Il se faisait, parmi les poètes parisiens, une légende de René-Guy Cadou.

René-Guy Cadou resté au pays.

En avril 1948, Cadou m'écrivait de La Bernerie (une si jolie petite plage!) :

« Paris que j'exècre et qui ne vaut pas la plus déserte des campagnes. »

Il avait choisi, ou plutôt il avait consenti à vivre dans une campagne déserte, à Louisfert, éloigné de toute agglomération importante. Et il avait raison. On n'est jamais si seul qu'à Paris.

Première rencontre avec un poète. Première rencontre avec la poésie.

Prunelles endormies de la place Bretagne
Où vacillait jadis le cœur de mon ami
L'ombre a tout effacé Lentement je m'éloigne
Celui que j'attendais ne viendra plus ici.

René-Guy Cadou, mort en poésie en 1951!

Marché aux puces de la place de Bretagne; bigoudens aux coiffes en pain de sucre brodant interminablement devant les passants une lingerie que personne ne porte plus; clochards, poivrots, hurluberlus, déchets du port abandonné qui jouez aux carrefours la grande scène de la cour des Miracles; petit marché du Bouffay, si propre et si calme que l'on se croirait dans une halle de village; cygnes dans les pièces d'eau du château de la duchesse

Anne; passants inconnus, ombres familières, vestiges de la grande Histoire, c'est tout cela, aussi, que j'aime retrouver à Nantes. Avec le parfum des épices et du lilas.

TABLE DES MATIÈRES

DU MÊME AUTEUR

Récits

L'autobiographie :
L'Accent de ma mère, col. « Terre Humaine », Plon, 1989.
Ma Sœur aux yeux d'Asie, Albin Michel, 1982.
Drôles de Métiers, Albin Michel, 1953.
Drôles de Voyages, Albin Michel, 1954.
Enfances vendéennes, Éditions Ouest-France, 1990.

Romans

Le cycle vendéen :
Les Mouchoirs rouges de Cholet, Albin Michel, 1984.
La Louve de Mervent, Albin Michel, 1985.
Le Marin des Sables, Albin Michel, 1987.

La Mémoire des vaincus, Albin Michel, 1990.

Histoire littéraire

Histoire de la littérature prolétarienne de langue française, Albin Michel.

Critique et Histoire de l'Art

25 ans d'art vivant, 1944-1969, Galilée.
L'Art pour quoi faire? Casterman.
Naissance d'un art nouveau, Albin Michel.
L'Art abstrait, tomes 3, 4, 5, A. Maeght.
Les Maîtres du dessin satirique, P. Horay.

Monographies

Les Ateliers de Soulages, Albin Michel.
Atlan, mon ami, Galilée.
Karel Appel, de Cobra à un Art autre, Galilée.
Jean Dubuffet, paysages du mental, Skira-J. Bucher.
54 mots clés pour une lecture polyphonique d'Agam, G. Fall.
James Guitet, les Forces du silence, S.M.I.
Dubuffet, Fautrier, Poliakoff, « Le Musée de Poche », G. Fall.
Martin Barré, Calder, Courbet, Kemeny, Étienne-Martin, Schneider, chez divers éditeurs.

Urbanisme et architecture

Histoire mondiale de l'Architecture et de l'Urbanisme modernes :
tome 1, *Idéologies et Pionniers, 1810-1910,* Casterman;
tome 2, *Pratiques et Méthodes, 1911-1985,* Casterman;
tome 3, *Prospective et Futurologie,* Casterman.
Esthétique de l'architecture contemporaine, Griffon, Neuchâtel.
L'Homme et les Villes, Albin Michel (plus édition illustrée, Berger-Levrault).
L'Architecte, le Prince et la Démocratie, Albin Michel.
L'Espace de la Mort, Albin Michel.
L'Architecture des Gares, Denoël.
Claude Parent, monographie critique d'un architecte, Dunod.
Goldberg dans la ville, Paris, Art Center.
Le Temps de Le Corbusier, Hermé.

Romans publiés dans le « Livre de Poche »

L'Accent de ma mère.
Ma sœur aux yeux d'Asie.
Les Mouchoirs rouges de Cholet.
La Louve de Mervent.
Le Marin des Sables.

Catalogue bio-bibliographique

Autour de Michel Ragon, musée des Beaux-Arts de Nantes et Paris, Art Center, 1984.

CET OUVRAGE A ÉTÉ COMPOSÉ
ET ACHEVÉ D'IMPRIMER SUR ROTO-PAGE
PAR L'IMPRIMERIE FLOCH À MAYENNE
EN OCTOBRE 1990

I.S.B.N. 2-7373-0401-6.
N° d'édition : 1707-01-12-10-90.
N° d'impression : 29748.
Dépôt légal : octobre 1990.